배움은 배신하지 않는다

# 배움은
# 배신하지
# 않는다

인생을 바꾸는 단 하나의 키워드 - 배움!

• 최갑도 지음 •

도서출판 물푸레

# Contents ......

# 추천사

· · · · · · · · · · · · · ·

## 성공 각본을 가진 남자, 그 위대한 도전

성공하는 사람들에게는 공통된 기질이 있습니다. 아무도 손대고 싶어 하지 않는 일, 누구에게나 쉽지 않은 과제를 피하지 않고 도전하는 자세입니다. 한 자기훈련 전략가는 말했습니다. 성공은 에스컬레이터 근처가 아닌 계단 근처에 있다고 말입니다.

그런 의미에서 제가 만난 최갑도 차장은 언제나 계단을 오르는 사람이었습니다. 그는 아무리 높은 건물을 오를 때도 누구보다 앞장서서 걸어가는 과감함을 가지고 있습니다.

저는 한 회사의 대표이사로서 최갑도 차장의 행보를 유심히 지켜봤습니다. 직원들과 전체 회식 자리가 있을 때마다 저는 언제나 최갑도 차장을 찾습니다. 크고 작은 지시와 부탁을 하기 위해서입

니다. 다른 직원들도 많지만 유독 최 차장에게 맡겨두면 더욱 안심
이 됩니다. 다른 사람에게 지시를 미루지 않고 직접 움직이는 사
람, 어떠한 궂은일도 마다하지 않고 가장 먼저 움직이고 처리하는
사람, 이것이 내가 믿고 있는 최갑도 차장입니다. 그는 자기가 원
하는 일과 원하지 않는 일을 가려서 하지 않습니다. 내가 그를 믿
고 좋아하고 부르는 이유입니다.

　　강사로서의 최갑도 선생도 매한가지입니다. 저는 최갑도 선생이
말하는 '궁핍 선생 이야기'를 좋아합니다. 살아가면서 누구나 한번
쯤은 시련을 겪고 모든 것을 포기하고 싶어지는 순간이 있습니다.
이 시련이 조금 일찍 찾아오는 사람들도 있습니다. 현대기아자동
차그룹의 창업주이신 정주영 회장님이 그랬습니다. 자기 안에 궁
핍 선생을 일찍 스승으로 모시고 이 궁핍을 채우기 위해 노력하는
사람은 시련에 굴하지 않고 성공의 자질을 키울 기회가 많습니다.
궁핍이야말로 성공으로 나아가고자 하는 에너지를 제공합니다. 부
족을 채우려는 마음이 열정을 부르고 깊이 있는 인생철학을 만들
기 때문입니다.
　　그렇습니다. 인생은 공평하지 않은 게임과도 같습니다. 해마다
태어나는 신생아들만 떠올려 봐도 세상의 첫 빛을 볼 때부터 가지
고 받는 것이 다 다릅니다. 하지만 다행히도 나쁜 조건을 가지고

태어나 비참하고 모진 환경에서 자라났다고 해서 반드시 실패하리라는 법도 없고, 반대로 태생적으로 좋은 조건을 갖추고 특별한 재능을 키울 수 있는 환경에서 자라났다고 해서 꼭 성공하리라는 법도 없습니다.

이 게임은 힘든 상황과 한계를 극복하고자 하는 마음과 과감한 도전 정신에 의해 얼마든지 역전이 가능한 경기이기도 합니다.

최갑도 차장의 책 《배움은 배신하지 않는다》는 이 공평하지 않은 게임에 끊임없이 응수해 흥미진진한 인생 각본을 써 나간 한 인간의 값진 도전기입니다. 그는 이 책에서 때로는 감추고도 싶었을 지난 수십 년의 개인사를 고스란히 드러냈습니다. 그는 수시로 당면하는 어려움과 콤플렉스를 딛고 일어나 자신의 비전을 향해 당당히 나아가는 모습을 인생으로 보여주었고, 올바른 방향을 정해서 열정적으로 노력하면 결국 미래에는 원하는 자리에 도달해 과거를 긍정하고 웃을 수 있다는 '희망'을 몸소 증명하고 있습니다.

최갑도 차장이 우리에게 전하는 최고의 메시지는 그가 인생에 있어서 올바른 방향을 정했다는 것입니다. 그는 일찍부터 인생이 배움의 과정이라는 것을 알았고, 배움을 이기는 어떠한 장애도 없다는 진실을 알고 있었습니다. 최갑도 차장은 무한 배움을 통해 자신의 인생 각본을 승자의 각본으로 변화시켰습니다. 우리의 인생을 흥미진진한 방향으로 이끄는 비결이 바로 여기에 있습니다. 재물이나 지위는 성쇠가 있으나, 자신의 머리와 몸에 체득한 배움은 그 누구도 빼앗아 갈 수 없으며 인생을 결코 배신하지 않는 든든한 배경이고 가장 강력한 지원군입니다.

이 책이 최갑도 차장의 개인사를 넘어 우리 기아자동차 직원들, 나아가 제각각 어려운 상황을 견디며 새로운 도전에 나서고 있는 수 많은 독자들에게 큰 도움이 되기를 바랍니다. 최갑도 차장이 보여준 위대한 도전, 배움에 대한 헌신과 그침 없는 노력에 무한한 응원을 보냅니다.

기아자동차주식회사
대표이사 이삼웅

지식에 대한 투자가 여전히 최고의 이익을 낸다.

- 벤저민 프랭크린

# 1장 · 생존

## 배움은 자신을 구하는 것이다

# 나를 살아있게 하라

희망은 가냘픈 풀잎에 맺힌 아침 이슬이거나,
좁디좁은 위태로운 길목에서 빛나는 거미줄이다.
- 워즈워드

돌아보면 누구에게나 인생이 바뀌는 때가 있다. 잇몸이 퉁퉁 붓고 만성피로에 시달리는 악바리로 살아도 문득 인생이 바닥을 치는 일도 있다. 베이비부머 세대로서 후배들에게 부끄럽지 않은 직장 선배가 되기 위해 쉼 없이 달려온 나는 50대에 들어서면서부터 예상치 못한 변화, 그리고 절망의 순간을 맞이하게 되었다. 장기간 과로와 스트레스로 최소 3개월은 휴식해야 한다는 의사의 진단을 무시하고 사내교육에 매진할 때의 일이다. 차디찬 칼바람이 매섭게 불어 닥친 겨울 초입이었다.

"최 과장, 축하하네."

"네? 팀장님. 무슨 말씀이신지요?"

"최 과장 인사고과 점수가 가장 높았어. 이번엔 확실히 진급이
될 걸세."

팀장이 술잔에 소주를 채우며 말했다.

진급 심사 이후 처음으로 있는 회식 자리였다. 육즙이 가득 배
어 있는 두툼한 삼겹살이 불판 위에서 고소한 냄새를 풍기며 노릇
노릇 익어가고 있었다. 직장인의 영원한 친구라는 삼겹살에 소주
회식 자리. 팀장의 말에 교육 팀 직원들이 다함께 축하의 말을 건
넸다.

술잔을 높이 들며 기뻐해야 마땅한 순간이었다. 팀장으로부터 들
은 통보이니만큼 승진은 따 놓은 당상이나 마찬가지였다. 우여곡절
끝에 생산직에서 사무직으로 전직한 내가 엘리트 코스를 밟아온
많은 사원들을 제치고 이제 곧 차장이 된다니 회사에 감사해야 할
일이었다. 그런데 이상했다. 좀처럼 반가운 마음이 들지 않았다.

"최 과장. 왜 표정이 환하지 않나?"

"이렇게 미리 축하를 해 주시니 정말 고맙습니다. 하지만 확정된
사안이 아니니 며칠 뒤에 웃겠습니다."

팀장의 물음에 나는 속사정을 다 전하지 못하고 적당히 둘러댔다.

얼마 전 피로가 극도로 쌓여 구급차까지 탄 몸이었다. 병원에서
링거액을 맞으며 누워 있어야 할 시기에 회식을 하고 있자니 '이렇
게까지 해서 진급이라⋯⋯.' 하는 쓸쓸한 마음이 들었다. 소주 한

잔을 입에 털어 넣자 허무한 기분이 몸속 가득 퍼져 나갔다.

며칠이 흘렀다. 드디어 진급 발표날이었다. 마냥 좋지도 그렇다고 그리 나쁘지도 않은 날이었다. 진급은 분명 단조로운 직장인 인생에서 큰 변화의 기회였다. 회사로부터 인정받고 보수도 오르며 역할도 달라질 것이었다. 나는 일희일비하는 마음을 감추고 겸허한 자세로 결과를 기다렸다.

'……어째서 아무 말이 없지?'

어느 순간 사무실 안에 숙연한 기운이 감돌았다. 여느 때라면 축하 분위기로 들썩여야 할 사무실에 정적이 흘렀다. 불현듯 어떤 예감이 스쳐 지나갔다.

나는 서둘러 진급자 명단을 확인했다. 입술을 깨물었다. 놀랍게도 내 이름이 없었다. 이게 무슨 일일까? 혹시 잘못 본 걸까? 나는 현실을 부정하며 다시 한 번 명단을 확인했다. 결과는 매한가지였다. 최고 인사고과 점수가 무색하게 나는 진급에서 탈락하고 말았다.

그 순간 갑자기 뭐라 한마디로 표현하기 힘든 감정이 한꺼번에 밀려왔다. 수십 년 직장생활을 이어오면서 이런 감정은 처음이었다. 나는 차마 아무 말도 할 수 없었다. 멋진 드라마 같은 사건은 없었지만 사원과 대리 시절에는 매번 업무 능력을 인정받아 받을 수 있는 특진은 다 받았었다. 전직자들 중에 과장 진급도 가장 빨리했다. 물론 전년도에 처음으로 차장 진급에서 떨어지고 기분은 썩 좋지 않았지만, 그걸 만회하기 위해서라도 이번 해에는 곱절로 치열하게 일했다. 정부와 함께하는 대형 프로젝트도 맡았다. 하는 일마다 무난한 성공이었다.

그런데 왜?

몸도 돌보지 않고 성실과 열정으로 업무에 매달렸던 나는 그래서인지 더욱 완벽하게 직장 생활에 실패한 기분이 들었다. 더 이상 동료와 후배들 얼굴을 마주하기 힘들었다. 분노에 가까운 배신감마저 치밀었다. 하지만 그 감정에 뚜렷한 방향이 있는 것은 아니었다. 나는 그길로 회사를 나와 버렸다.


겨울 하늘답지 않게 푸른 하늘이었다. 환한 날씨 탓에 모든 사물이 평화롭게 보였다. 막 출고된 새 자동차들 위로 눈부신 햇살이 쏟아졌다. 중천에 뜬 해를 보자 아내가 좋아하는 60년대 영국 록 그룹 비틀즈의 노래가 떠올랐다. 제목이 〈Here Comes The Sun〉 이라는 곡이었다.


It feels like years since it's been here
이곳에 있은 지 한참 지난 것만 같네요.

It seems like years since it's been clear
맑은 날을 본 게 한참 된 것만 같아요.

Here comes the sun, Here comes the sun
해가 떠올라요. 해가 떠오르네요.

It's all right, It's all right
난 좋다고 말하죠. 모두 괜찮아요.


희망에 관한 노래가사도 그날따라 달리 생각되었다. 나는 이대로 정말 괜찮은 걸까? 물론 내 앞에도 언젠가는 밝은 해가 떠오를 것이다. 하지만 내일의 해가 떠올라도 실망스러운 현실은 제자리에 있을 터였다. 집에 들어가니 막내아들이 아내보다 먼저 쪼르르 달려 나와 나를 반겼다.

"엄마, 아빠가 하늘이 파랄 때 왔어!"

아들이 말했다.

참담한 심정이었다. 하늘 보기 힘들 정도로 바쁘게 살았지만 돌아온 것은 자괴감이었다. 이제 푸른 하늘은 절망의 증거가 되었다. 환한 햇살 아래 선 내 자신이 한없이 초라하고 부끄러웠다. 이런 기분으로 동료와 후배들 앞에 서서 교육을 할 수 있을까? 연이은 진급 누락으로 마음이 바짝 오그라들었다.

다음 날 진급 못한 사람들을 모아 위로하는 자리가 있었다. '이 자리가 노사 협상 자리보다 더 무겁다.'며 상무님께서 위로의 술을 주시는데 소주가 소주 맛이 아니었다. 진급에 관한 것은 일체 비밀이란 것을 알았지만 원인이라도 알아야 내 속이 풀릴 것 같았다. 나는 팀장에게 물었다.

"진급이 안 된 이유가 뭡니까?"

"……."

팀장은 말이 없었다. 거듭 물었다.

"이유를 알아야 이해하지 않겠습니까?"

"자네 업무 성과는 모두가 높게 사고 있네. 하지만 학력이 부족해서 진급이 되지 않았어."

나는 예상치 못한 답을 듣고 충격에 휩싸였다. 나이 오십이 다 되어서 학력의 벽과 다시 마주하다니……. 당혹스러웠다. 정년이 보장된 생산직에서 불안정한 사무직으로 전직할 때는 최소한 부장, 노력하면 이사까지 진급할 수 있다는 목표를 가지고 열심히 일했고 그 결과 가장 빨리 과장 자리까지 왔건만, 지금에 와서 학력을 이유로 진급이 안 된다니 이유치고는 너무 잔인했다.

'아아. 앞으로 어떡하지? 정말 허탈하다. 내 능력은 이게 한계인가?'

삶의 의욕이 바닥으로 떨어지고 그냥 스르르 사라지고 싶은 마음이 들었다. 지금까지 남들 앞에서 당당하게 인생 경영과 자기계발, 심리에 대한 강의를 해온 내 모습이 한순간 부끄러워졌다. 술집을 나오자 겨울바람이 세차게 불었다. 음산한 날씨가 내 마음 같았다. 파란 많던 지난날이 주마등처럼 스쳤다.

어린 시절 집안이 여의치 않아 중학교를 다 마치지 못했고, 고생 끝에 중고등 검정고시에 합격해 기능대학에 들어갈 수 있었다. 대학에서 학력보다 실력 위주로 능력을 쌓았기 때문에 현장에서 다양한 성과도 냈다. 이 모든 것이 내게는 대단한 자부심이었다. 그런데 결국 그 학력이 발목을 잡았다.

꿈과 기대가 컸던 만큼 회사에 대해 느낀 배신감도 컸다. 신이 나서 다니던 회사가 소 도살장마냥 끔찍하게 느껴졌다. 온몸에 기운이 연기처럼 슬슬 새어나갔다. 하루하루가 무의미하고 무기력해졌다. 얼마 동안 잇몸이 붓고 이가 흔들리더니 결국 이빨 4개가 쑥 빠졌다. 아내가 깜짝 놀라며 말했다.

"당신, 더 이상 여기 있으면 큰일 나겠어요. 그동안 충분히 고생했어요. 어차피 언제 나와도 나와야 하는 게 회사잖아요. 조금 미리 정리해도 괜찮아요."

"여보……."

아내는 회사 생활을 접고 고향으로 가자고 말했다.

내 깊은 실망감을 헤아려 주는 아내가 진심으로 고마웠다. 눈물이 핑 돌았다. 하지만 내 상처보다 가족들이 받을 상처가 걱정되었다. 아직은 살아 있어야 했다.

미국의 창조성 연구가 루트번스타인 부부는 책《생각의 탄생》에서 이렇게 적었다. '위대한 통찰이란 세속적인 것의 장엄함, 즉 모

든 사물에 깃들어 있는 매우 놀랍고도 의미심장한 요소를 감지할 줄 아는 것이다.'

이들 부부의 말대로 통찰은 새롭고 놀라운 재료를 필요로 하는 능력이 아니다. 인내와 끈기를 가지고 자기 상황에 모든 주의력을 기울이는 것. 이러한 집중이 위대한 통찰이라는 창조적 순간을 만든다.

나는 부족한 학력에 대해 달리 생각해 보았다. 역발상이 필요했다. 높디높은 학력의 벽은 달리 보면 배움의 길이 아닐까? 직장을 다니며 대학 공부를 병행하기로 목표를 정했다. 나는 곧바로 방송통신대학에 원서를 넣었다. 51세에 또 다시 시작한 무모한 도전이었다.

열정은 변화의 에너지이자 혁신과 창조의 원천이다. 열정은 모든 불가능한 일을 가능하게 하며 우리 스스로의 인생과 세상을 더 나아지게 한다. 하지만 인생의 불을 지피고 끄는 건 결국 자기 자신이다. 그러니 스스로를 변화시키고 살아 있게 하는 힘은 모두 우리 내부에 있다. 내 인생에 화려한 스펙은 없다. 나는 엘리트 사원이 아니며 여전히 일하고 배우는 사람이다. 하지만 이것이 내 가장 크고 은밀한 자랑거리다. 진급 탈락의 위기를 계기로 경영학과에 입학한 나는 그 이후 학부를 졸업하고 대학원까지 진학했다.

"최 차장입니다. 대학원 졸업을 앞두고 있습니다."

연이어 진급 누락한 다음에 결국 나는 차장으로 진급을 했다. 이 소박한 역전의 이력을 감히 살아 있음의 증거라 말하고 싶다. 앞으로 펼쳐질 이야기는 베이비부머 세대의 한 지극히 평범한 생산직 남성이 만들어낸 희망과 도전의 기록이다.

# 초기조건을 극복하라

초기조건의 아주 작은 차이가 최종 현상에서는
아주 커다란 차이를 낳는다.
예측은 불가능해지고 우리는 뜻밖의 결과를 얻게 된다.
– 푸앵카레

나는 뜨거운 여름 경북 안동에서 태어났다. 어릴 때 기억
은 잘 나지 않지만 철도 관사 옆에서 세발자전거를 타던 기억이 어
렴풋이 떠오른다. 철도 공무원인 아버지는 우리 마을의 자랑거리
였고, 교육자 집안에서 태어난 어머니는 하나뿐인 아들을 위해 모
든 정성을 쏟는 분이었다. 나는 부모님의 무한한 사랑을 받으며 금
지옥엽으로 자랐다. 집안 어르신들 말씀에 의하면 신발만 스무 켤
레가 넘었고 옷이며 장난감이며 부족한 것이 없었다고 한다.

그런데 내가 세 살이 되던 해에 그토록 나를 애지중지하던 어머
니가 그만 세상을 떠나고 말았다. 한창 엄마 품이 필요할 세 살배
기 꼬마에게 이 무슨 날벼락인가. 하지만 영영 붙잡을 수 없는 곳

으로 떠난 어머니의 존재는 친척들의 입담으로 전설처럼 접하는 수밖에 없었다.

친어머니 없는 하늘 아래 나의 어린 시절은 순탄치 않은 방향으로 흘러갔다. 설상가상으로 칠년 후, 강원도 영월 철도역에서 근무하던 아버지마저 업무 중 불의의 사고를 당했다. 이 일로 할머니와 증조할머니, 어린 나, 네 식구의 가장인 아버지가 병원에 입원하면서 집안의 가세는 급속도로 기울었다.

아침마다 밥상을 차려 놓고 출근하던 아버지가 몸져눕자 고령의 할머니들과 어린 나는 기본 생활조차 꾸리기 벅찼다. 결국 초등학교 3학년이 되던 해에 외갓집이 있는 대구로 이사를 했다. 사정이 어렵다 보니 학교생활을 원활하게 하기가 어려웠다. 먹고 사는 일이 늘 빠듯해서 참고서 한 권을 못 샀다.

하지만 고생으로 철이 일찍 들어서일까? 또래보다 성실하게 공부에 매달린 덕에 성적은 언제나 상위권을 유지할 수 있었다.

"우리 아들 참 잘했다. 정말로 장하다."

"아버지 1등도 아닌데요. 대단치 않습니다."

"아니다. 최선을 다한 결과 아니가. 그러니까 잘 한기라!"

아버지는 매순간 인정의 말을 아끼지 않았다. 어려운 집안 형편에도 인상을 쓰거나 힘든 내색 없이 나에게 언제나 칭찬과 격려의 메시지를 건넸다. 자식에게 사랑을 베푸는데 인색함이 없었던 아버지의 온화한 미소, 말씀 한 마디는 여전히 내 가슴 속에 순수하고 맑은 사랑의 표상으로 남아 있다.

돌이켜 보면 어린 시절 내게 주어진 조건은 시커먼 구렁텅이나 다름없었다. 하지만 좌절과 방황의 순간마다 나를 단단하게 잡아준 끈은 세 살까지 어머니가 보내준 전폭적인 사랑과 성장기 동안 아버지가 주신 긍정적인 피드백, 두 가지 요소가 아니었나 싶다.

초등학교를 무사히 마치고 다행히 중학교에 들어갔지만 가난한 집안형편은 한층 더 문제가 되었다. 학교 준비물을 마련하지 못해 벌 받고 혼나는 상황이 여러 번 반복되었다. 특히 음악시간에 악기를 준비하지 못했는데 그때 선생님의 체벌이 못 견딜 정도로 괴로웠다.

"너는 왜 혼자 연습을 안 하니?"

"선생님. 깜빡 잊고 실로폰을 안 가지고 왔어요."

"뭐라고? 실로폰을 깜빡 잊었다고? 그럼 음악시간 내내 뭘 하려고?"

"……."

"도대체 정신을 어디에 두고 다니는 거냐?"

음악 선생님은 묵묵부답으로 고개를 숙인 내게 호통을 치며 못마땅한 심기를 드러냈다. 나는 눈물을 삼키느라 고개를 숙였다. 잠시 후 선생님은 내 귀를 있는 힘껏 잡아당겨 교실 안을 빙빙 돌기 시작했다. 선생님의 손아귀에 이리저리 끌려 다니는 동안 눈앞에 반 아이들 표정이 하나하나 아프게 들어왔다. 귀에서 우두둑 소리가 났다. 귀가 떨어져 나가는 것 같은 통증이 밀려왔다. 하지만 귀가 아픈 것보다는 친구들 앞에서 웃음거리가 되는 것이 실은 나에게 더 큰 아픔이었다.

'선생님, 사실 실로폰을 집에 놓고 안 가져온 것이 아니에요. 집이 가난해서 실로폰을 살 돈이 없어요.'

나는 속으로 되뇌었다.

하지만 차마 반 아이들 앞에서 입이 떨어지지 않았다. 아버지가 사고를 당하기 전만 해도 우리 집은 남부럽지 않게 넉넉했고 철도 공무원인 아버지는 마을의 자랑거리였다. 나는 내 친구들에게 우리 집 형편이 알려지는 게 싫었다. 내가 처한 비참한 현실이 아니라 여전히 잘 사는 집으로 그렇게 알아주길 바랐다. 나는 음악 선생님에게 준비물 살 돈이 없다는 말을 하지 않았다.

때는 중학교 1학년 1학기였다. 일찍이 영어와 수학에 흥미를 붙여 공부에는 자신감이 있었지만 돈이 없어서 실기도구를 마련하지 못하는 어려움이 반복되자 괴로움이 나날이 커져갔다. 그렇게 한 학기를 마치고 방학을 맞이했다. 이런 상태로 공부를 계속할 수 있을지, 없을지 걱정이 엄습해왔다.

'어떻게 하지? 어떻게 하지?'

고민 끝에 일을 찾기로 했다.

아픈 아버지 대신 나라도 돈을 벌어야 학교 준비물이든 뭐든 살 수 있겠다 싶었다.

마침 동네 형이 아이스케키 장사를 하면 돈을 벌 수 있다고 해서 무작정 시내에 있는 아이스케키 공장에 따라 갔다. 공장 사장님에게 장사하는 법을 배운 다음 케키 통을 메고 동네방네를 돌았다.

"아~이스케키!"

"더 큰 소리로 외쳐야지!"

목소리가 작아질 때마다 동네 형이 소리를 지르라고 채근했다.

목이 쉬어 소리가 안 나올 때도 있었고 이따금 수치심에 소리가 수그러들기도 했다. 텃세 부리는 형들도 만났고 아이스케키 좀도둑도 기승을 부렸다. 형을 일주일 내내 따라다니며 장사를 해 봤지만 돈이 벌리지 않아 그만두기로 했다.

하지만 이 일 이후 나는 결국 학업을 접었고 본격적인 일자리를 구했다. 가난은 종내 차디찬 현실이 되어 어린 나를 일터로 내몰고 말았다. 중학교 1학년 중퇴, 내 나이 열네 살 되던 해였다.


나는 어린 시절을 되짚을 때마다 프랑스 수학자 푸앵카레의 강연을 생각한다. 그는 강연에서 "우리가 느끼지 못할 정도로 아주 작은 원인이 결국에 놓칠 수 없는 커다란 결과를 만들어낸다. 초기 조건의 아주 작은 차이가 최종 현상에서는 아주 커다란 차이를 낳는다."고 말했다. 한 현상의 결과를 만드는 요소에서 초기조건의 미세한 차이가 아주 중요하다는 말이다.

이 이론의 연장선에서 미국의 기상학자 에드워드 로렌츠는 1960년에 기상 시뮬레이션을 돌리던 중 초기치 0.375485를 0.37548의 값으로 설정했을 때 전혀 다른 결과를 얻게 된다는 사실도 발견했다. 이는 브라질 나비의 날갯짓 한 번이 텍사스에 폭풍을 불러일으킬 수 있다는 내용으로 이 논문을 '나비효과(Butterfly effect)'라 불렀다. 인간의 예측 불가능한 운명 메커니즘도 이러한 자연현상의 메커니즘과 크게 다르지 않다.

인생이라는 카오스 안에서 인간은 제각각 다른 초기조건을 가지고 태어난다. 개인의 유전적 특성과 환경으로 인한 초기조건의 미세한 차이는 운명이라는 최종 결과에 텍사스 폭풍과도 같은 어마어마한 차이를 낳기도 한다. 그런데 중요한 건 인간이 초기조건을 스스로 결정할 수 없다는 사실이다.

그렇다면 현재 내가 남보다 어려운 상황에 처했다고 해서 절망할 필요가 있을까? 내가 처한 상황의 차이가 노력 여부가 아닌 초기조건 0.000005의 차이 때문이라면? 인간은 어떠한 인생의 결과와 대면할 지라도 열등감을 느낄 필요가 없다. 애초에 모두에게 설정된 초기조건이 다르기 때문이다.

한창 철부지여야 할 성장기에 나는 인생 문제와 처음으로 만났다. 초기조건이 열악했으니 인생길이 고단하고 슬픈 국면으로 접어들 수밖에 없었다. 물론 당시에는 많은 사람들이 좋지 않은 조건을 안고 결핍 속에서 살아야했다. 하지만 나는 좌절하지 않았다. 작은 차이가 만들어낼 기적을 희망하며 매일 한발자국씩 나아간 베이비부머 세대의 일원이었다. 도전하며 꿈꾸는 사람이었다.

# 눈물 대신 단련을 선택하라

모든 역경의 한 가운데는 기회의 섬이 있다.

- 미국 격언

"앞으로 뭐하고 살래?"

"예? 무슨 말입니까. 아저씨."

"뭐로 벌어먹고 살래 이 말이다."

"……."

친척 아저씨의 질문에 나는 아무 대답도 할 수 없었다.

어린 나로서는 뾰족한 방법이 없었다. 아저씨가 혀를 끌끌 차며 말했다.

"하는 수 없다. 어찌 되었든 살아야 하지 않겠나. 아버지는 요양 차 병원에 계셔야 하니 너는 이제부터 분식집에서 일을 해라. 거기 서 일하면 너 하나 먹고 자는 건 어찌어찌 해결될 거다. 아버지가 회복될 때까지만 참고 일해 봐라. 알았지?"

나는 잠시 입을 다물고 있다가 고개를 끄덕였다.

더 이상 응석부릴 곳도 없었고 기댈 사람도 없었다. 아버지가 빨리 회복되기만을 학수고대하며 일단 분식집에서 숙식을 해결해야 했다. 이렇게 해서 나는 열네 살에 학업을 접고 대구 중앙통 아세아 극장 옆 미미당 분식집에서 첫 사회생활을 시작하게 되었다. 내심 학교 수업을 계속 받고 싶었지만 이미 한 학기 동안 불편하고 냉혹한 현실을 충분히 접한 뒤였다.

다음날 아침이었다.

나는 친구들이 있는 교실이 아니라 가마솥에 물이 팔팔 끓어오르는 분식집으로 향했다. 미미당이 자리한 중앙통은 지금의 중앙로 거리로 대구의 대표적인 번화가였다. 한때는 '극장의 거리'로 인식되었을 정도로 근처에 아세아 극장, 제일 극장, 아카데미 극장, 대구 극장, 자유 극장, 송죽 극장 등 전통이 있는 극장들이 넘쳐나던 시절이었다. 내가 일할 미미당 분식집은 뜨거운 우동이 명물인 집이라고 했다.

새벽 5시 반에 일어나 청소와 잔심부름을 하는 일부터 시작했다. 밥때가 되면 라면과 우동을 근처 극장과 사무실에 배달했다. 오후에는 학생들이 분식집으로 우르르 밀려들어왔다. 나는 손님들 주문을 받고 음식을 날라야 했다.

"여기요. 주문 좀 받아주세요."

"갑도 어디 있냐? 주문 받아라."

"라면 세 개에 우동 하나요."

"……."

분식집에 교복을 입은 학생들이 들어오면 나는 곧장 화장실로 사라져 몸을 꽁꽁 숨겼다. 부끄럽고 창피하고 얼굴이 붉어져서 일을 할 수가 없었다. '어떻게 이곳을 벗어날까?' 하는 생각뿐이었다.

'나 원래 이러지 않았는데…….'

씩씩하고 당당한 내 모습을 떠올리며 스스로를 다잡았다. 하지만 학생들 눈을 쳐다보면서 주문을 받을 엄두가 나지 않았다. 심장이 멈춘 것처럼 몸이 굳어버린 것처럼 발걸음을 뗄 수가 없었다.

'괜찮아. 아버진 꼭 나으실 거고 나도 얼마 후면 학교에 다시 가게 될 거야.'

이렇게 자신을 다잡아보기도 했다.

'괜찮아. 걱정하지 말자. 나는 다시 학생이 될 거야. 교복을 깨끗이 차려 입고 친구들이랑 어울려 다니며 분식집에서 라면이랑 우동도 사먹어야지.'

희망사항을 주문처럼 되뇌며 스스로를 위로해보기도 했다.

"이 녀석아 어딜 갔다 오냐? 얼른 주문받아."

어두운 얼굴로 나타나자 주인아저씨가 고개를 절레절레 흔들었다. 금방이라도 눈물이 왈칵 쏟아지려고 했다. 하지만 여기서 울면 더 눈에 띌 것 같았다. 이를 악물고 스스로에게 당당해지자고 수십수백 번 마음을 고쳐먹었다.

'나도 학생이야. 지금은 휴학 중이지만 난 분명 학생이야.'

'여기서 일하는 건 내 잘못이 아니야. 아주 잠시 일을 돕는 것일 뿐이야.'

아무리 단단히 다짐해도 소용이 없었다. 나는 교복 입은 학생들 앞에 설 때마다 한없이 작아졌다. 혹시라도 나를 알아보는 아이를 만날까? 얼굴이 눈에 띄지 않도록 고개를 숙이고 몸을 최대한 웅크렸다. 얼른 시간이 지나 학생들이 주문한 음식을 먹고 떠나가 주길 초조하게 기다렸다. 하지만 학생들은 끊임없이 새로 들어왔다. 주눅이 들고 마음이 움츠러들었다.

'애들아, 제발 내 얼굴을 기억하지 말아줘.'

열등감으로 학생들을 피하는 내 자신이 부끄럽게 느껴졌다.

150센티미터도 되지 않던 키가 더 작아지는 느낌이었다.

나는 교복을 입고 싶었다. 여느 평범한 아이처럼 친구들과 어울려 장난치며 맛있는 분식도 사 먹고 싶었다. 하지만 나는 이미 일터에 매인 몸이었다. 더 가슴 아픈 사실은 책을 놓아야 하는 상황이었다. 배우고 싶어도 더 이상 배울 수 없었다.

어린 나는 인정과 칭찬을 바랐다. 하지만 사랑의 말로 나를 감싸 줄 어머니는 미미당에 없었다. 작은 일에도 칭찬을 아끼지 않던 아버지와 선생님도 내 일터가 아닌 병원과 학교에 있었다. 처음 하는 일이다 보니 칭찬 대신 꾸지람과 재촉의 연속이었다. 하루 빨리 이곳을 떠나고 싶었다. 앞날이 캄캄했고 두려웠다.

이런 간절함 속에서 어렵게 하루하루를 버텼다. 아버지의 회복이 자꾸만 늦어졌다. 나쁜 소식이 들릴수록 내 안에는 어느새 '힘을 기르자.' '경제력을 가지자.'는 생각이 싹트기 시작했다. 불행과 시련이 뜨거운 불과 차가운 물이 되어 나를 단단하게 만들고 있었다.

어찌 보면 돌파구가 없는 삶이었다. 불의의 사고로 일어난 일을 어린 내가 어찌 해결할까? 열네 살이라는 나이에 내가 할 수 있는 유일한 노력은 꾀를 피우지 않고 그저 우직하고 성실하게 일하는 것밖에 다른 묘수가 없었다. 새벽 5시 반에 별과 함께 눈을 뜨고, 밤 11시에 별과 함께 눈을 감았다. 불안하고 고된 생활 속에서 내가 유일하게 숨 돌릴 수 있는 시간은 하늘에 별이 반짝반짝 떠오를 때 잠깐뿐이었다.


중국에 월련월강(越煉越强)이라는 말이 있다. 단련을 많이 할수록 강해진다는 의미다. 많은 시련과 고통을 겪으며 단련을 해야만 훌륭한 인간으로 성장할 수 있다. 중국 명나라 문인 홍자성의 어록을 모은 채근담(菜根譚)에는 이런 말도 있다.

"어린이는 어른의 씨앗이요, 수재는 훌륭한 사람의 씨앗이다. 이때 만약 불길이 이르지 못해 단련이 서툴면 뒷날 세상에 나아가 일을 맡을 때 훌륭한 인물이 되지 못한다."

사람의 쓰임새를 만드는 과정도 철을 단련하는 과정과 다르지 않다. 철은 뜨거운 물과 차가운 물을 끊임없이 오가며 단련한다. 단련되지 않은 철은 물러서 제 때에 제 쓰임새대로 사용할 수가 없기 때문이다.

채근담에 의하면 사람도 마찬가지다. 사람에게 불길이란 시련과 고통이다. 어려움이 없이 큰 사람은 위기가 닥치면 이를 잘 이겨내지 못한다. 성숙한 인물이 되기 위해서는 시련으로 자신을 끊임없이 단련해야 한다. 인간이 강해지려면 반드시 어려움을 겪고 자신을 단련해서 풍부한 지식과 경험을 쌓아야만 깊이 생각하는 법을 익히고, 다양한 생존 기술을 배우기 마련이다.

이 시기 나는 아침에 일찍 일어나는 습관을 들여 평생 동안 자발적으로 5시 이전에 기상하는 인생을 살고 있다. 덕분에 군대생활에서도, 사회생활에서도 하루 일과를 여유롭게 지낼 수 있었다.

# 미미당 우동에
# 인생을 녹이다

우리 모두는 미래를 걱정해야 한다.
왜냐하면 우리는 여생을 거기서 보낼 것이기 때문이다.

– 찰스 케터링

"여기 우동 두 그릇이요."

"네. 지금 바로 나갑니다!"

계절이 바뀌는 동안 나는 미미당 생활에 점차 적응해 갔다.

펄펄 끓는 우동 솥을 한층 더 뜨겁게 달구었던 무더위가 한차례 꺾이더니 순식간에 겨울이 찾아왔다. 문밖에서 간혹 눈발이 흩날렸다. 손님들 겉옷이 두툼해질수록 뜨거운 육수를 부어 말은 우동은 더 불티나게 팔려 나갔다.

미미당에서 일하면서 나는 하루에 팔리는 우동 수만큼이나 생각이 많아졌다. 세상에는 단 두 종류의 사람이 존재한다는 생각이 머릿속에 굳어졌다. 그 두 종류란 곧 학교에 다니는 사람과 그렇지 않은 사람이었다. 지금 돌이켜 보면 어린 소견이었지만 그때는 순진하면서도 단순했고, 그만큼 절박한 마음이었다.

자연스레 교복은 나에게 사람을 구분하는 기준이 되었다.

교복을 단정하게 차려 입은 학생. 그들은 내게 영원한 소망이요 바램이었다.

상황에 밀려 학업을 중단한 사람이 아니고서야 좀처럼 이해할 수 없는 이분법이리라. 하지만 어린 나에게 교복을 입은 사람과 입지 않은 사람은 하늘과 땅 사이처럼 달리 보였고, 이 기준은 남과 나를 달리 구분 짓는 잣대가 되어 스스로를 무던히도 괴롭혔다.

나는 점차 외골수적인 생각에 골몰했다.

하얀 셔츠와 빳빳하게 다림질된 상하의. 교복은 내게 부지불식 간에 인간 평가의 기준으로 자리를 잡았다. 매일 교복처럼 입는 목 늘어진 티셔츠와 무릎 튀어나온 바지가 창피했다. 그럴수록 괴로움은 눈덩이처럼 불어났다. 비교하는 마음에서 벗어나고자 발버둥을 치고 애써 스스로를 달래 봐도 이 기준에서 절대 자유로울 수가 없었다. 마음속의 번뇌는 가장 무서운 적이었다.


어느 날이었다.

창밖 풍경을 보며 생각에 빠져 있었다. 중천의 해가 슬그머니 기울자 학생들이 거리에 하나둘 나타났다. 영화표를 손에 들고 신이 나서 소리치는 천진난만한 아이들도 보였다. 나는 우동 육수를 우려내는 큰 가마솥 앞에 서서 천진난만하게 길을 오가는 학생을 자꾸만 흘겨보았다.

'나는 왜 저 사람들처럼 자유롭지 못하지…….'

창밖을 내다보며 깊은 고민에 잠겨 있었다. 다람쥐 쳇바퀴 같은 반복된 일과에 나는 점차 지쳐가고 있었다. 그렇게 한동안 멍한 눈으로 학생들 뒤를 쫓아가며 인생의 쓴맛을 곱씹었다.

그 때 넋을 잃고 창밖을 내다보는 내 모습이 안쓰럽게 보였는지 같이 일하는 형이 말을 건넸다.

"춥지? 이리와. 우동 솥 위에 손을 녹여라."

"네, 형." 나는 불 옆으로 다가섰다. 그리고 무심코

솥 위에 손을 얹었다. 그런데 잠시 후 솥뚜껑이 삽시간에 밀렸다.

"앗. 뜨거!"

나는 그만 펄펄 끓는 우동국물에 두 팔을 빠트리고 말았다. 비명을 지르며 재빨리 팔을 꺼냈다. 하지만 어느새 팔 전체에 우툴두툴 물집이 흉하게 잡히고 살이 검붉게 변해 가기 시작했다.

"찬물! 찬물!"

"아이고, 아파. 너무 아파요……."

식당 바닥을 뒹굴면서 고통에 찬 비명을 질렀다.

"야야. 괜찮나? 이게 뭔 일이고!"

주방 아주머니가 깜짝 놀라며 내 팔을 잡아 찬물에 푹 담갔다. 병원으로 실려가 치료를 받았다. 치료를 받는 내내 고통이 너무나 심해서 얼마나 울었는지 나중에는 목소리도 나오지 않았다. 몸이 조금만 더 앞으로 쏠렸어도 펄펄 끓는 육수 속에 얼굴까지 담갔을 것이었다. 아찔했다. 눈 깜짝할 사이에 생사의 순간을 오간 것이다.

병원에서 응급치료를 받고 붕대를 감은채 가슴을 쓸어내리며 식당으로 다시 돌아왔다.

"배달이 엄청 밀렸다."

"미안하지만 주문 좀 받아다오."

손님이 밀려드는 시간이었다. 할 일이 잔뜩 밀려 있어서 조금도 쉴 틈이 없었다. 침울한 기분이 들었다. 끓는 물에 몸을 담갔으니 어린 나이에 얼마나 놀랐으랴. 환부의 고통만큼이나, 아니 그 이상으로 마음의 고통이 컸다.

화상열 고통이 너무 심해서 그 추운 겨울날 선풍기를 틀어 환부에 바람을 쏘이면서 고통을 참아야 했다. 참기 힘든 아픔과 슬픔에 몸서리치는 고통을 참으면서 하루하루를 보냈다. '참고 견디자! 참고 견디자'를 반복하며 어금니를 꽉 깨물었다. 몸서리치는 화상의 고통이 매일같이 이어졌다.

그때마다 참기 힘든 슬픔이 고문처럼 올라와 목구멍을 조였다.

얼굴에 연한 복숭아 빛이 아직 남아 있던 중학생이었다. 아직도 팔에 그 흉터가 남아 있다.

그해 겨울에는 유난히 눈이 많이 내렸다. 슬픔과 고통을 해소할 방법이 없던 나날들. 생기 없는 눈동자와 힘없는 움직임……. 의욕 상실이 이런 것일까? 마음이 공허했다. 동화처럼 함박눈이 쏟아지는 하늘을 보며 어머니를 생각하면 한없이 눈물이 쏟아졌다. 한번 흐르기 시작한 눈물은 좀처럼 멈추질 않았다. 아무도 몰래 가게 뒤에 숨어 흘리는 눈물이었다. 이 눈물은 가난에 대한 눈물이요, 앞날에 대한 두려움의 눈물이요, 어린 아이의 한의 눈물이었다. 누군가에게 보이기 위한 눈물이 아닌 오직 나 자신을 위로하는 눈물이기도 했다. 매일 가슴속을 뜯으며 울음을 터트렸다. 그런데 신기하게도 그 때마다 화상의 고통이 조금씩 잦아들었다.

그렇게 3개월이 지났을까?

미미당 식구들의 부름에 쫓기며 정신없이 일하다 보니 팔의 화상이 거의 아물었다. 몸의 상처가 나을수록 아픈 마음도 슬그머니 뒤로 물러났다. 나는 그제야 마음속으로 '이젠 슬픈 생각을 하지 말자. 좋은 생각만 하자.'며 굳게 결심했다. 그러고 나니 마음이 훨씬 편해지는 것 같았다.

힘들었던 분식집 생활도 차츰 적응이 되어갔다. 그 중에서 가장 좋았던 것은 매일 밥때마다 배불리 먹을 수 있었다는 점이다. 까짓 것 눈칫밥 좀 먹으면 어떤가. 세상에서 가장 참을 수 없는 고통은 배고픔이라는 걸 느껴본 사람만 알 것이다.

미국의 극작가 존 패트릭은 말했다.

"고통은 사람을 생각하게 만들고, 생각은 사람을 지혜롭게 만들며, 지혜는 인생을 견딜 만한 것으로 만든다."

돌이켜 보니 고통이 나를 생각하게 만들었고, 고통이 커지자 지혜도 함께 자랐고, 그러자 인생이 훨씬 견딜 만한 것으로 여겨진 것이 아닌가 싶다. 인생이란 결국 역경을 이겨내는 것이며 슬픔과 싸우는 행위이다. 더 큰 고난의 세월 속에서 나는 잔잔한 깨달음을 얻으며 차츰 성숙해져 갔다.

그 시절 미미당 우동 솥에는 내 인생의 희로애락이 함께 끓고 있었다. 한 그릇 푸짐하고 따뜻한 인생으로 오롯이 담기기 위해……. 솥은 하루도 쉬지 않고 불 위에서 달구어졌다.

# 요정에서 익힌 고객 만족

환경이 변화하는 것보다
더 빨리 배우는 자만이 생존할 것이다.
**– 생태학적 학습 법칙**

운명의 날은 매번 어떠한 기미도 없이 찾아온다. 길에서 우연히 한 장의 지폐를 줍는 일처럼 순전히 운이 좋아 생기는 사건 같지만 깊이 보면 그 기회는 아무에게나 주어지지 않는다. 운칠기삼(運七技三)은 성공한 사람들이 흔히 거론하는 운명론이다. 행운이 70%라지만 그렇다고 나머지 30%를 무시할 수도 없다.

분식집 점원으로 있을 때 내게도 운명의 날이 찾아왔다. 아버지의 요양이 길어져 배움의 길을 점차 접어가던 무렵이었다. 일꾼으로 태어나 밥이나 제때 잘 먹으면 그만이라고 체념 섞인 마음 단련을 하고 있었다. 하루는 여느 때처럼 씩씩하게 주문을 받고 있는데, 손님으로부터 대뜸 이런 제안을 받았다.

"나랑 우리 집에서 살지 않을래?"

미미당 단골손님으로 자주 오시는 아주머니였다.

평소에 오실 때마다 참 인자하고 따뜻한 느낌이라 저런 분이 내 어머니였으면 하고 내심 몇 번인가 생각했던 터라 이 물음이 더 놀랍고 기가 막혔다.

나는 부끄러운 마음을 무릅쓰고 물었다.

"아주머니 댁에 가면 제가 뭘 해야 하나요?"

"그게……."

"그냥 편하게 말씀해 주세요."

"딸이 한 명 있는데 학교에 왔다 갔다 할 때 오빠처럼 같이 데리고 다니면 돼. 그리고 시간이 있을 때 나한테 와서 심부름도 조금씩 해 주면 충분하다. 월급도 줄 거란다."

"……얼마나 받나요? 아버지가 아프셔서 제 힘으로 돈을 벌어야 해요."

"한 달에 3천 원씩이다. 괜찮니?"

미미당 월급보다 나았다.

이대로 아주머니를 따라가는 게 분식집에서 일하는 것보다 훨씬 낫겠다는 생각이 들었다.

"전 좋아요. 근데 우선 주인아저씨께 말씀을 드려야 해서요."

"참 어른스럽구나. 걱정하지 마라. 내가 이미 부탁을 드렸거든."

아주머니가 환한 표정으로 답했다.

많지 않은 나이에 어느덧 익숙해진 풍경과 작별하는 게 두렵기도 했다. 하지만 내 인생은 이미 수많은 작별의 연속이었다. 나는 망설임 없이 아주머니를 따라나섰다. 직관과 가슴의 판단을 믿어 보기로 했다.

이윽고 고급 별장처럼 으리으리한 집이 나타났다. 아주머니가 데려간 집은 평범한 가정집이 아니었다. 나중에 알고 보니 그 집은 대구 일대에 자리 잡은 고급 요정 가운데 하나였다. 요정에는 나보다 훨씬 나이가 많은 남자직원들이 15명 정도 있었고, 여자 직원들은 수십 명이나 되었다. 당시 대구 종로통에는 50여개의 요정들이 있었는데 가미, 춘앵각, 죽림헌, 삼한관, 보현관, 계림관, 대구관, 미조리, 석빈, 석궁, 백록 등 이름을 떨치던 요정들이 많았다. 미모와 실력이 쟁쟁한 기생들이 이 요정들을 거쳐 갔다.

가게에서 나이가 가장 어린 덕에 나는 안채에서 기거하면서 편히 지낼 수 있었다. 주인아주머니 딸아이 등하교 때 오누이처럼 함께 다니고 간단한 심부름도 했다. 미미당에서 일할 때보다 훨씬 몸이 편했고 음식도 잘 먹었다. 무엇보다 가장 위안이 되었던 점은 교복 입은 학생들을 더 이상 보지 않아도 된다는 사실이었다.

그렇게 3년 정도를 지냈다. 귀여운 막내 누이 같던 아홉 살짜리 여자아이는 어느새 초등학교 5학년이 되었다. 집에 고급승용차가 생겼고, 주인집 딸에게는 오빠 대신 가정교사가 함께 있게 되었다.

갑자기 할 일이 없어졌다. 열여덟 살이었다. 자연스레 요정 일을 배웠다. 하지만 나는 형들에 비해 키도 작고 힘도 약해서 무거운 물건은 아예 취급할 수가 없었다.

"헉헉……."

"그렇게 힘에 부쳐서 어쩌니."

"괜찮아요. 아주머니. 잘 할 수 있어요."

"아니다. 이참에 운동을 배워 볼래? 등록해 줄게!"

주인아주머니는 맏아들을 일찍이 사고로 잃은 슬픔이 있는 분이었다. 나를 친아들처럼 애틋하게 생각하시던 아주머니가 운동을 적극적으로 권했다. 마침 요정 앞 구멍가게 아들이 전국유도대회에서 우승해서 동네에 경사가 났다며 좋아들 하던 때였다.

"저도 유도가 하고 싶어요."

"그러니? 좋다. 당장 오늘 유도관에 가 보자."

이렇게 해서 유도관에 등록을 했다.

저녁에는 요정 일을 도와야 하니 6시부터 시작하는 새벽반에 등록해 열심히 다녔다. 운동은 사람을 변화시키는 중요한 활동이다. 유도를 하면서부터 힘이 강해졌고 형들이 하는 일도 거뜬히 해낼 수 있게 되었다. 운동 시간에 맞춰 아침 일찍 일어나는 것이 굳어져 늘 새벽 5시에 기상했다. 건전한 정신과 육체가 두루 만들어졌다.

"누나들 비키세요. 요리상 나갑니다!"

얼마 지나고부터 요정의 요리상을 2개, 3개씩 포개어 3층 계단을 오르락내리락 할 수 있게 될 정도로 일을 잘 할 수 있었다. 일이 즐거웠다.


방방마다 요리상이 놓이면 한복을 입은 기생들이 스스로 가야금을 뜯으며 창이나 잡가를 부르고, 검무와 북춤 등 화려한 춤사위를 보이며 주흥을 돋우었다. 요정의 손님들이란 대개 고위공무원, 기업의 대표이사나 임원들, 외국고관, 부유한 상인들이었다. 나는 주로 술 취한 손님들을 부축해 화장실에 안내해 주거나 심부름을 하는 등 자잘한 시중을 들었다.

"손님, 화장실은 밖에 있습니다."

"앞장서라."

"네. 이쪽으로 오십시오."

화장실로 나서는 손님들은 술에 취해 비틀거리는 사람이 대부분이었다. 어린 마음에 손님들을 보면 넘어지지 않을까, 용변은 제대로 볼까, 여러모로 걱정이었다. 어느 날부터 술도 깨고 손도 닦을 겸 물수건을 준비했다. 여름에는 얼음물에 담갔다 뺀 찬 수건을,

겨울에는 따뜻한 수건을 건넸다.

"여기 수건을 쓰십시오."

"아아. 시원하니 기분 좋구나. 너 이름이 뭐냐?"

얼굴이 벌겋게 달아오른 손님들이 물수건으로 손이나 얼굴을 닦으며 기뻐했다. 지금 생각하면 그 시절 내 행동은 지금의 CS(Customer Service), 한마디로 고객을 만족시키는 친절이었다. 대가를 의식한 일은 아니었는데, 취한 손님들이 나갈 때마다 팁을 두둑이 주었다. 그렇게 팁이 계속 늘더니 나중에는 한 달 월급을 하루 만에 벌었다. 두 할머니와 아버지를 봉양할 수 있는 돈이었다.

이 일이 요정에 널리 알려지면서 형들도 물수건 서비스를 시작했다. 요정 안은 더 활기를 띄었고 아이디어를 공유한 덕에 형들에게도 귀여움을 받았다.

"갑도는 일당백이다. 갑도만 따라 해라."

형들은 요정의 신출내기 일꾼들을 가르칠 때마다 전설처럼 내 얘기를 하곤 했다.

인간은 생존을 통해 배운다. 아주 평범한 사람들도 위기에 봉착하면 상상도 하지 못한 모험을 몇 번이고 감행하게 된다. 많은 사람들에게 고급 요정이란 퇴폐와 부도덕의 공간으로 여겨질 지도 모르겠다. 물론 십대인 나에게도 그랬다. 하지만 나는 불확실한 조건 앞에서 뒤로 물러서지 않았다. 용감하게, 평범하지 않은 길로 나아갔기 때문에 모험과 기회의 순간도 열렸던 것이다. 이렇게 요정과 물수건은 생존과 배움의 상징이면서 동시에 성취와 성장의 기억으로 남아 있다.

셜록 홈즈의 창조자이자 영국의 저명한 추리소설가 아서 코난 도일은 다음과 같은 말을 남겼다.

인생이란 인간의 정신이 생각해낼 수 있는 그 어떤 것보다 더없이 기묘한 것이다. 일상의 흔해빠진 일조차도 감히 우리들 멋대로의 상상을 허락하지 않으니 말이다. 만약 우리가 손잡고 저 창문을 빠져나가 대도시의 상공을 날아다니면서 조용히 지붕을 뜯어내고 그 밑에서 벌어지는 야릇한 일들을 엿볼 수 있다면, 거기에는 이상한 우연의 일치, 음모, 엇갈린 의도, 일련의 경이적인 사건들이 끊이지 않고 이어져 마침내 가장 엉뚱한 결과를 낳는 것을 알게 될 것이다. 이에 비하면 소설 따위는 흔해 빠진데다 결말도 뻔해 진부하고 무익하다 할 정도다.

소설 같은 성장기였다.

극적인 나날이었고 반쯤은 쓰다 울다 할 정도로 가슴 아픈 기억도 많다. 하지만 힘겨웠던 시간들은 오히려 인생의 감동으로 남는

듯하다. 어느 철학자가 말했다. 인생은 오직 뒤돌아보아야만 이해되며 그럼에도 불구하고 앞을 향해서만 살아야 한다고……. 아서 코난 도일의 말처럼 우리는 인생을 상상할 필요가 없다. 마침내 가장 엉뚱한 결과로 우리 앞에 나타날 것이므로.

몇 년이 지나자 군에 갈 나이가 되었다.

주인아주머니가 앞으로의 진로를 생각해 기술을 배우라고 권했다. 군대에 아는 분이 있다며 기술병과 쪽을 추천해 주셨다. 기술병과(技術兵科)란 통신, 공병, 항공, 화학, 병참, 정비, 수송 등 각종 기술적인 지원 근무를 하는 군인이었다. 한데 기술하사관으로 가려니 시험을 봐야 했다. 과목은 영어와 수학, 신체검사였다. 체력은 자신이 있었지만 학과 시험을 보기가 더럭 겁이 났다.

얼마만인가?

수년째 열리지 않던 공부의 길. 늘 걷고 싶었지만 좀처럼 다가갈 수 없었던 그 길이었다. 반갑고도 벅찬 도전 과제가 나를 기다리고 있었다. 도전과 응전의 예고. 나는 다시 한 번 넘어설 채비를 했다.

# 자기 삶과 화해하라

인생은 절망의 반대편에서 시작된다.
- 장 폴 사르트르

　　조선시대 얘기다. 다산 정약용이 강진에서 유배 생활을 하고 있을 때였다. 평범한 시골 소년 황상이 15세에 서울에서 훌륭한 선생님이 내려 오셨다는 말을 듣고 용기를 내어 다산을 찾아갔다. 1802년, 이 운명적인 만남으로 시골 아전의 아들이던 황상은 정약용의 수제자가 되었다. 황상은 동문 밖 주막집에서 몇몇 학동들과 함께 공부를 했다.

　하루는 다산이 학동들에게 말했다.

　"부지런하고, 부지런하고, 부지런해라. 너희는 특히 공부를 부지런히 해서 훌륭한 사람이 되어야 한다."

　한데 황상이 머뭇머뭇하는 기색으로 사양을 하며 이렇게 말했다.

"선생님, 저에게는 세 가지 병폐가 있는데요."

"그래, 그게 뭔고?"

"첫째는 무디고요, 둘째는 막혔고요, 셋째는 답답한 것이어라. 그런데 이런 저도 공부를 할 수 있을까요?"

다산은 황상의 말을 유심히 듣더니 이렇게 말했다.

"그럼 할 수 있고말고! 항상 문제는 자신이 민첩하다고 믿고, 총명하다고 여기는 데서 생긴단다."

황상은 다산 선생의 말에 귀를 쫑긋 기울이고 있었다.

"배우는 사람에게 큰 병통 세 가지가 있다. 첫째, 기억이 빠른 점이다. 한 번만 보면 척척 외우는 아이들은 그 뜻을 음미할 줄 모르니 금세 잊고 말지. 둘째, 글짓기가 날랜 점이다. 제목만 주면 글을 지어내는 사람들은 똑똑하다고는 할 수 있지만, 저도 모르게 경박하고 들뜨게 되는 것이 문제다. 그리고 셋째, 이해가 빠른 점이다. 한 마디만 던져주면 금세 말귀를 알아듣는 사람들은 곱씹지 않으므로 깊이가 없지. 그런데 넌 어떠냐? 너는 그 세 가지 병통이 없지 않느냐?"

"네에, 그렇사옵니다."

"너처럼 둔하지만 공부에 파고드는 사람은 식견이 넓어지고, 꽉 막혔지만 그것이 한 번 뚫리면 거칠 것이 없으며, 답답하지만 꾸준히 연마하면 그 빛이 더욱 반짝이는 것이니라."

"……"

황상은 깜짝 놀라 눈을 부릅떴다.

"그러니 너는 평생 '부지런함'이란 글자를 잊지 않도록 해라. 어떻게 하면 부지런할 수 있을까? 네 마음을 다잡아서 딴 데로 달아나지 않도록 꼭 붙들어 매야한다. 그렇게 할 수 있겠느냐?"

"네에, 그렇게 하겠습니다. 스승님."

이후 15세에 불과했던 황상은 책을 받아들고 공부를 시작했다. 선생님이 너도 할 수 있다고 북돋워 준 한 마디가 시골 소년의 삶을 온통 뒤흔들어 놓은 것이다.

황상은 다산이 가장 아끼는 제자가 됨은 물론 추사 김정희에게까지 인정받는 명문장가가 된다. 그는 61세에 생을 마감할 때까지 평생 스승의 가르침을 마음에 깊이 새기고 감히 잊어버릴까 두려워했다고 전한다. 그리고 모두가 출세를 위해 공부할 때 오직 황상만이 스승이 입버릇처럼 일러주신 '유인(幽人, 어지러운 세상을 피해 조용한 곳에서 숨어 사는 사람)의 인생'을 살았다.

다산 같은 선생을 만난 일은 황상이 받은 축복이다. 나 역시 스스로를 무디고, 막혔고, 답답한 사람이라 여겼고, 배움의 기회도 좀처럼 얻지 못했다.

하지만 인생은 누구나에게 공평하게 좋은 조건을 마련해주지 않는다. 자기 기질과 처한 환경을 받아들이는 것, 그리고 그러한 조건에도 포기하지 않고 콤플렉스를 넘어 부지런히 경험하고 익히고 단련하는 태도. 그것이 바로 배움의 정도이자 핵심이다. 다산 정약용은 이를 "부지런하고, 부지런하며, 부지런하면 풀린다."라는 의미의 삼근계(三勤戒)라 불렀다.

스무 살이었다.

나는 삼근계의 태도로 책과 펜을 다시 잡았다. 군 입대 시험을 통과하려면 학과 공부를 다시 해야 했다. 중학교 영어책을 중고로 몽땅 구입했다. 공부를 가르쳐줄 선생님도, 학원에 다닐 시간도 없으니 3개월간 책을 통째로 외웠다. 여러 번 반복해서 읽으니 내 것이 되었다. 듣기, 말하기, 쓰기 모두 반복으로 실력을 키웠다. 하루도 빠짐없이 부지런히 익히는 방법으로 기술병과 시험에 통과했다. 중학교 3학년 수준 영어 실력으로 시험에서 영어 잘 한다는 소리까지 들었다. 중장비 정비 주특기 기술하사관으로 입대했다. 나로서는 제 2의 인생이 열린 셈이었다.

중학교 1학년에 학업을 중단하고 분식집과 요정에서 심부름만 한 나였다. 수년간 나는 공부와 연이 없는 사람이라 여기며 마음을 다잡았으니 학업에 대한 열등감도 엄청났다. 학력을 기준으로 스스로를 세상에서 가장 초라한 사람, 볼품없는 사람으로 만들었다. 가진 것은 보지 못하고 가지지 못한 것에 강한 질투와 부러움을 느졌다.

　‘우리 집만 잘 살았어도…….’

　‘내가 그때 더 배웠더라면…….’

　‘내가 더 잘 생겼더라면…….’

　이처럼 스스로를 부정적으로 인식하면서 나를 남과 비교해 평가하는 잘못을 범했다. 상대가 혹시 나를 ‘못 배운 사람’, ‘무식한 사람’이라 여기지 않을까 노심초사했다. 또 이따금 마음속으로 먼저 나에 대한 상대의 태도를 예상해 버렸다. 이러니 작은 일에도 감정이 쉽게 상했다. 나 자신을 부정적으로 대하다 보니 세상에 대해서도 부정적인 세상, 희망 없는 세상으로 바라보기 일쑤였다.

　가장 중요한 문제는 자신을 부정적인 입장에서 보는 관점이었다. 핵심은 조건이 아니라 관점이었던 것이다. ‘나는 다른 사람에게 사랑을 받을 만한 사람이고, 그러한 자격이 되는 사람이며 가치 있는 사람’이라고 스스로가 평가할 때 사람들을 만나고 일을 할 때 마음이 즐겁고 편안하다. 따라서 내게 가장 중요한 것은 외형적, 물질적 충족이 아니라 바로 ‘관점의 전환’이었다.

　중학교 중퇴는 내가 선택한 상황이 아니었다. 어린 나로서는 어찌할 수 없는 불가피한 조건이었다. 집안에 갑자기 들이닥친 불운 때문이었다. 나만 어려운 것도 아니었다. 우리나라에서 1960, 70년대는 모두가 못 먹고 못 사는 보릿고개 시절이었다. 학교를 중퇴

한 아이가 한두 명이 아니었다. 가난은 아이들의 배를 움켜쥐게 만들고 배움을 허무하게 만드는 괴물과도 같았다.

천재 물리학자 알버트 아이슈타인은 고독을 예찬하며 이런 말을 남겼다.

"고독한 젊은 날은 고통스럽다. 하지만 조금 더 성숙하면 고독은 즐거운 일이 된다. 나는 시골에서 고독하게 생활했는데 고요한 삶의 단조로움이 창의적 사고에 자극이 된다는 것을 깨달았다."

배고픔과 학업 중단. 이 두 가지 요소는 내 성장기를 그늘지게 했지만 인생을 굴곡지게 하는 데는 실패했다. 젊은 날에 인생의 결실을 일찌감치 얻으려는 것은 큰 잘못이다. 봄에 씨를 뿌리고 여름에 김을 매야 가을에 추수를 하는 것 아닌가. 씨를 막 뿌린 봄에 성급하게 결실을 얻으려는 행동은 사리에 맞지 않는 일이다. 인생도 마찬가지이다. 20대와 30대에는 자기 삶의 씨를 뿌리고 부지런히 경작해야 한다. 그래야 40대, 50대에 결실이 오는 것이다. 나는 이런 마음으로 살았고, 덕분에 과분한 행복을 얻었다. 그 결과 삶에 후회가 없다.

나는 지금도 스스로를 칭찬하며 부지런히 산다. 직장생활로 자아실현을 하면서 아내와 아이들 뒷바라지 잘하고 오늘도 힘내는 나 자신에게 '잘한다, 잘한다.' 격려를 하면서 스스로를 자랑스럽게 여기고 있다. 이런 마음보다 더 감격스러운 자기와의 화해가 있을까.

요즘도 늦게까지 일하고 거울 앞에 서면 덥수룩한 수염과 깊이 팬 주름, 희끗희끗한 하얀 머리카락이 눈에 띈다. '야. 많이 변했네. 그렇지만 괜찮아, 멋있네.'하며 스스로에게 멋진 인사를 건네 본다. 내가 내 스스로에게 주는 아낌없는 격려와 인정만큼 내 영혼에 풍족함을 주는 것도 없다.

우리는 학교를 위해 배우는 것이 아니고
인생을 위해서 배운다.

– 세네카

## 2장 · 책임

배움은 스스로 책임지는 것

# 배움에 엉뚱한 과목은 없다

배움은 수익이 줄어들지 않는 수단이다.

– 최갑도

군 입대 시험에 합격하면서 인생에 특별한 변화가 일어났다. 나는 중장비 정비 주특기 기술 하사관으로 입대했다. 그토록 바라던 배움의 길이 열렸다. 국어, 영어, 수학 같은 일반 교과는 아니었지만 군사학과 중장비 정비 교육을 받았다. 무엇이든 배울 수 있고 모든 사람을 똑같이 대하는 군대가 좋았다. 열등감에서 벗어날 수 있고 자책하지 않아도 되어서 행복했다. 군대는 나에게 무한 배움의 길을 열어준 첫 번째 도장이었다.

그때 나는 주어진 환경을 불평하지 말라는 한 작가의 격언대로 살았다.

"사람들은 언제나 자기가 처한 환경에 대해 불평하지만 나는 환경을 믿지 않는다. 성공한 사람들은 일어나서 자기 스스로 원하는 환경을 찾아 나서며, 혹시라도 원하는 환경을 찾지 못하면 직접 환경을 만드는 사람들이다."

배움은 어느 환경에서나 구할 수 있다는 사실을 그 시절 깨달았다.

때는 1976년 한여름이었다. 하사관학교에서 훈련을 받던 중 뜻하지 않은 사건이 일어났다.

"들었나? 곧 전쟁이 날 수도 있다는데……."

"에이~ 설마. 그런 소문이 어디 우리나라에 한두 번 있었나?"

"이봐. 설마가 사람 잡네. 지금 이 사건으로 온통 난리도 아니야."

학교 안이 전쟁 얘기로 술렁이고 있었다.

문제의 발단은 판문점 '미루나무 절단 사건'이었다. 판문점 공동경비구역 남쪽 지역에 미군장교 2명과 한국군 장교 1명, 사병들이 들어가서 미루나무를 가지치기하고 있었는데, 돌연 북에서 북한군 장교와 사병이 나타나 미국장교 2명을 도끼로 살해한 것이다. 이 사건으로 당장 전쟁이 일어나도 이상하지 않을 정도로 긴장감이 감돌았다.

일촉즉발의 상황이었다.

훈련기간 내내 병사들은 완전군장을 꾸리고 대기했다. 군장은 전투에 필요한 물품으로, 특히 완전군장이란 기본 군장에서 배낭에 전투복, 전투화, 모포, 침낭, 전투식량 등을 모두 꾸려 넣은 짐이었다. 무게가 평균 40kg은 족히 되었다. 공포와 불안 속에서 잘 때도 꼭 군화를 신고 잠들어야 하는 훈련기간을 보냈다. 며칠 후 문제의 미루나무를 절단하고 북한 인민군 최고사령관이 유엔군 사령관에게 유감의 말을 전하면서 이 사건은 겨우 마무리 지어졌다.

훈련을 마치고 나는 후반기 공병학교로 가서 주특기 교육을 받았다. 그간 유도 도장에서 연마한 체력과 끈기로 우수한 성적을 거두었다. 그때 황당한 일이 있었다. 나는 당연히 성적이 우수한 사람이 공병학교에 배치 받는 것으로 알고 있었다. 그런데 나보다 공병학교 성적이 낮은 동기가 학력이 높다는 이유로 공병학교로 배치를 받고 나는 최전방에 배치된 것이 아닌가. 물론 부대 배치는 여러 상황으로 바뀔 수 있지만 당시 정황으로는 실력보다 학력이 먼저라는, 나만 알 수 있는 설움이 치솟았다.

하지만 군대는 명령에 따라 움직여야 하는 조직이었다. 반발심과 콤플렉스는 아무런 도움이 되지 않았다. 나는 명령에 절대 복종하고 때로는 자존심도 버려야 조직생활에서 살아남을 수 있다는 진리 아닌 진리도 체득했다. 인내심과 책임감 있는 태도는 어느 일터에서나 통용되는 미덕이었다. 그렇게 나는 강원도 인제에 위치한 최전방 부대로 발령을 받았고, 공병대대 중장비 정비 담당 보직으로 직업군인 생활을 시작했다.

강원도 일대는 지형 특성상 공병부대가 근무하기 힘든 곳이었다. 우리 부대의 경우 봄부터 가을까지 불도저와 크레인 등 각종 중장비를 끌고 강원도 구석구석을 누비며 도로공사와 교량공사를 하느라 쉴 틈이 없었다. 겨울에는 중장비와 전투장비 정비기간으로 부대에서 생활하며 혹독한 점검 작업을 했다. 한겨울 눈으로 꽁꽁 얼어붙은 땅을 깨트리고 치우는 제설 작업도 수없이 했다.

그렇게 성실하게 근무한 지 1년 반 만에 중사로 특진을 했다. 군대는 누구에게나 힘든 장소이지만 나는 타고난 현실 자체가 힘들었기 때문에 상대적으로 적응하기 덜 힘들었다. 따뜻한 잠자리와 밥도 제공되고, 그토록 하고 싶던 공부도 가르쳐 주고, 성과에 따라 월급이 높아지거나 인정을 받을 수도 있었다. 어려운 여건에서 참고 배우는 능력을 키우는 좋은 단련의 기회였다.

다시 진급교육을 받은 이후 장교 보직인 중장비 정비 과장으로 임명되었다. 제대 때까지 한자리에서만 5년을 근무했다. 아무나 같은 자리를 쭉 지키는 게 아니었다. 실력과 신망이 뒷받침되어야 했다. 중대장, 대대장, 연대장, 군단장님으로부터 차례로 능력을 인정받았고 매년 중장비 관리 및 정비 경연대회에서 수상했으며 수차례 표창장도 받았다. 한 번 하면 꼭 일등을 해야 하는 별난 성격도 그제야 깨달았다.

지금도 옛 사진을 들여다보면 군대에서의 얼굴이 가장 좋고 빛난다. 그만큼 그 생활이 적성에 맞고 즐거웠다. 힘든 훈련도 체력이 따랐기에 견딜만했고, 그렇게 배우고 싶던 공부도 가르쳐 주니 얼마나 기뻤는지 수업시간에 배운 내용은 거의 외웠다. 심지어 30여 년 전에 배운 군장비의 재원을 지금도 상당 부분 암기하고 있다. 이렇게 군대생활은 내게 소중한 배움과 깨달음의 과정이었다.

　작년 즈음, 나는 우연찮게 30년 전 공병부대 대대장으로 계시던 김진휴 전 대령님과 마주친 일이 있었다. 그분은 나를 대번에 알아보시고 환한 얼굴로 악수를 청하셨다.

　"자네는 성실의 상징 최갑도 과장아닌가."

　"송구스럽습니다. 대령님. 절 기억하시는군요."

　"어찌 자네를 잊겠나. 우리 부대에서 가장 책임감 있고 성실한 사람이었지. 언제든 우리 회사로 오게. 자리를 만들어 놓겠네."

　나는 고마움에 거듭 인사를 했다. 오래전 인연을 기억해 주는 것만으로도 고마운 일인데, 성실의 상징이라는 친절한 인정의 말을 건네주시니 아주 뿌듯했다. 그분의 회사로 일터를 옮기진 않았지만 그 제안이 내내 고마움으로 남아 있다.

　나처럼 어려운 환경에서 시작한 사람들에게 꼭 강조하고 싶은 이야기가 있다. 배움에는 엉뚱한 과목이 없다는 점이다. 영국의 한 시인은 '관심을 두지 않는 분야의 학습을 게을리 하면서 진정한 교육을 받았다고 할 수 없다'고 말했다. 내용과 적성을 불문하고 배움의 기회란 반드시 곁에 두어야 하는 파랑새와도 같다.

또 한 가지, 배움에는 때와 장소가 따로 없다. 군대처럼 거칠고 험한 공간에 가면 언제 어디서도 배울 수 없는 인내와 단련의 기회를 갖게 된다. 이런 종류의 배움은 앞으로 이어질 인생의 긴 여정에서 자기 삶을 한 단계 높일 수 있는 좋은 발판이 될 것이다.

# 자격이 없다면 자격증을 따라

이 문제가 어렵다고 얘기하지 마십시오.
어렵지 않다면 그것은 문제가 아닙니다.

**- 페르디낭 포슈**


　　　　　이십대 청춘의 절반을 군대에서 보내면서 나는 한 가지 분명한 깨달음을 얻었다.

인생은 결코 핑크빛이 아니었다. 총탄이 빗발치는 전쟁터이자 갈등과 충격의 연속이었다. 어제의 동지가 내일의 적이 될 수 있는 인생이라는 각축장에서 나는 운명의 일격을 이기기 위해 연장보다 무기를 갖고 싶었다. 그 무기란 다름 아닌 자격증이었다.

이런 생각을 하게 된 계기는 군대에서 정비수리 담당자로 근무하면서 겪은 한 가지 사건 때문이었다.

하루는 미군장교가 영문으로 된 매뉴얼을 건넸다.

"자네 새 장비를 다뤄야 하는데, 이 매뉴얼을 읽을 수 있겠나?"

"아. 저, 그게⋯⋯."

나는 몹시 당황하며 말끝을 흐렸다.

장교의 지시에 선뜻 'Yes, sir.'이란 대답이 나오지 않았다.

입대 시험 때 공부한 정도만으로 미군이 말을 걸어도 겁 없이 덤벼드는 나였다. 미군에게 물어물어 가며 영어회화 공부를 하기도 했다. 하지만 영어를 정식으로 배운 적이 없다 보니 자신감이 떨어졌다.

"최, 대답이 불확실하군. Yes 아니면 No로 정확히 답하게."

"⋯⋯."

이마에서 땀이 줄줄 흘렀다.

이윽고 미군장교가 고함 섞인 말투로 말했다.

"자네 학교 어디 나왔어? 장비 장교가 이것도 몰라서 어떡하나?"

'학교⋯⋯.'

나는 아무 말도 못하고 고정 나사처럼 서 있었다.

학교 어디 나왔냐는 물음이 날카로운 가시가 되어 마음의 생채기를 건드렸다.

"학교 어디 나왔냐고? 안 들려?"

장교가 재차 말했다.

문제는 다시 학력이었다. 중사까지 특진으로 진급해서 장비과장 보직을 맡고, 수차례 표창장까지 받았는데, 이제 와서 다시 학력

얘기가 나오다니……. 학력은 군인의 자격과 아무 관계없다. 명문대 대학원을 나온 군대 동기도, 모 대학 연극영화과를 나온 후배도 체력이 약해서 군대생활을 버거워하고 있었다. 두 사람의 군대 적응을 도와주면서 보람과 자긍심을 느끼기도 했다. 하지만 이 사건으로 나는 완전 벌거벗은 기분이 되었다. 학력은 다시 한 번 나를 초라하게 만들었다.

그 시절 자격증이 내게 절실하게 다가왔다. 중학교 1학년 중퇴는 누군가에게 선뜻 말하기 힘들 정도로 열악한 조건이었다. 학력이 낮아서 자격이 없다면 자격증으로 부족분을 채우고 싶었다. 자격증은 어디를 가나 내가 익힌 기술과 능력치를 정확히 판단하게 하는 객관적 근거가 될 것이었다.

세부적인 계획을 세우고 본격적으로 자격증 공부에 돌입했다. 교재를 구입해 공부를 시작하고 6개월 만에 중장비 정비 3급부터 시험을 보았다. 하지만 아무리 기능사 시험이라 해도 기초 공부가 부족하니 이해가 잘 될 리 없었다. 책을 보고 또 보고 하다 보니 조금씩 이해가 되기 시작했다. 공자 말씀에 '모르는 책이라도 열 번을 읽으면 문리가 트인다.'고 했는데, 그 말이 맞았다. 모르는 것은 아랫사람에게 물어서라도 알아야 하고, 결코 부끄러운 행동이 아니며, 아는 것은 꾸준히 복습하라는 공자의 온고지신(溫故知新) 정신을 교훈삼아 차분히 공부를 해 나갔다.

3급 자격증을 취득하고 다시 2급 자격증 시험에 도전해 자격증을 취득했다. 연이어 중장비 조종 면허, 불도저, 크레인 그레이더, 지게차, 레미콘 면허증을 취득하면서 여러 자격을 쌓을 수 있었다.

퇴근하면 BOQ(Bachelor Officer Quarters, 독신 장교 숙소)로 직행해 공부를 했고 기술병과 교육을 받으며 자격증 취득에 필요한 기술과 지식을 보충했다. 1급 자격증 시험을 준비하면서 놀라운 정보도 접했다. 1급 자격증을 취득하면 창원기능대학 시험을 볼 자격이 부여된다고 했다.

'오. 이런 방법도 있구나!'

나는 속으로 쾌재를 불렀다.

입가에 웃음이 절로 번졌다. 학업을 제때 마치지 못한 열등감을 해소할 수 있는 절호의 기회였다. 1급 자격증으로 대학 입시 자격을 얻을 수 있다는 사실은 내게 대단한 용기와 희망을 주는 금언과도 같았다.

운전면허 1종 보통과 대형 면허를 취득하고 1급 정비 자격증에 도전하기로 했다. 번번이 가슴에 생채기를 내고 스스로를 찌르던 열등감이 이번에는 배움을 향한 무한 의지와 열정으로 모습을 바꾸었다. 면허증과 자격증 취득은 성공을 향한 일보 전진이자 인생의 결을 바꾸기 위한 전략이었다.

하지만 1급 자격증 공부는 계산 공식이 많이 나와 어려움이 많았다. 수학을 제대로 공부한 적이 없으니 계산문제, 각종 역학문제를 모르는 것이 당연했다. 중학교 중퇴 학력인 나로서는 책을 아무리 여러 번 봐도 이해가 되지 않아 문제를 거의 외워서 시험을 보았다. 결국 첫 시험은 떨어지고 말았다. 문제와 답을 아무리 달달 외워도 계산 문제의 경우 공식을 대입해서 풀 줄 모르면 시험에 합격하기 어려웠다.

　그렇지만 실망도 포기도 없이 매일 공부했다. 이 끝나지 않는 싸움에는 뚜렷한 명분이 있었다. 계란으로 바위치기라 해도 좋았다. 나는 스스로 만든 학력 콤플렉스라는 적을 당당히 제압하고 싶었다. 내가 왜 공부해야 하는지에 대한 관(觀)이 분명하니 아무리 힘들어도 중도에 쉽사리 포기되질 않았다.

　그때 나는 마음을 굳게 먹었다.

　'앞으로 어떤 일이 닥쳐도 공부를 계속하겠다.'

　얼마 지나지 않아 필기시험에 합격했고, 이어서 실기시험까지 통과했다. 좌절하지 않고 끊임없이 공부한 결과 1급 정비 자격증을 취득한 것이다. 대학 입시 자격을 손에 거머쥐자 더 이상 군대에서 인정받고 돈 버는 일에 만족할 수 없었다. 학력 콤플렉스에 맞서는 과제가 가장 우선이었다. 목표와 비전을 창원기능대학 진학에 두고, 나는 과감히 전역을 결정했다.

한 언론인이 말했다.

진정한 전략가는 전장 속에 파묻히지 않고 높이 올라 전장을 굽어본단다. 그리고 장기적인 목적에 집중하며 전쟁 전반에 대한 계획을 정교하게 짠다고 했다. 한 인간의 인생은 숱한 전쟁으로 이루어져 있는데, 그 습관화된 싸움에 자칫 짓눌릴 수 있기 때문이다. 나에게 있어서는 배움이 그 익숙하고 괴로운 습관에서 벗어나는 가장 좋은 길이었다.

또 20세기 중국을 대표하는 작가 가운데 한 사람 왕멍은 이런 말을 남겼다.

"아무 일도 할 수 없는 역경에 처해 있을 때, 배움은 내가 파도에 휩쓸리지 않도록 매달릴 수 있는 유일한 구명 부표였다. 배움은 내가 의지할 수 있는 유일한 의탁처이자 암흑 속의 횃불과 같았고, 나의 양식이자 병을 막아주는 백신과 같았다. 배움이 있었기에 비관하지 않을 수 있었고, 절망하지 않을 수 있었으며, 미치거나 의기소침해지거나 타락하지 않을 수 있었다."

내 나이 이십대. 나는 배움이 있었기에 자격증을 얻었고, 비로소 내 일에 자격이 있는 사람이 되었다. 그러니 어떤 장애, 어떤 전쟁과 직면해도 결코 주눅들 필요가 없다. 당신이 무슨 일을 하든, 어떤 사람이든, 이미 뭔가를 배울 자격이 있는 사람이기 때문이다. 이 한 가지만 놓지 않으면 된다. 우리가 반드시 명심해야 할 것은 결국 나를 지키고, 사랑하는 이를 돌보기 위해 결코 배움을 쉬지 않는 일이다. 이로서 우리는 필히 높은 곳에 올라 전장의 궁색한 싸움을 굽어볼 수 있을 것이다.

# 참을 수 없는 사표의 가벼움

우리는 학교를 위해 배우는 것이 아니고,
인생을 위해서 배운다.
– 세네카

유대인은 유치원에 처음 등교할 때 독특한 의식을 거친다.
교사들은 어린 학생들이 손가락에 꿀을 찍어 22자의 히브리어 알파벳을 따라 쓰게 한 다음 손가락을 빨아먹게 한다. 히브리어 알파벳 모양을 본떠 만든 과자를 준비해 먹이기도 한다. 배움이란 꿀이나 과자처럼 달콤하다는 인식을 심어주기 위해서다.

인생은 배움의 연속이라 했다. 달리 보면 인생의 전 과정은 크고 작은 배움으로 이루어져 있다. 평생학습은 시대의 변화로 인해 갑자기 등장한 개념이 아니다. 꿀처럼 달콤한 배움의 경험을 하나둘 늘려갈수록 인생은 풍요롭고 즐거워진다. 자격증 취득은 공부를 통해 더 나은 미래를 이룰 수 있다는 희망을 주었다. 이십대 중반,

나에게는 새로운 과제가 던져졌다. 바로 기능대학 진학이었다.

대학 진학의 꿈을 이루기 위해 나는 육군 중사로 전역하고 본격적인 공부를 시작했다. 하지만 안타깝게도 그해 창원기능대학 시험에 응시했다가 떨어지고 말았다. 대학에 들어가 공부를 하겠다는 꿈에 부풀어서 제대를 결정했는데, 시험에 떨어지고 나니 앞이 캄캄했다. 나이는 많지, 당장 먹고 살길은 막혔지, 한치 앞도 알 수 없는 막막한 상황이었다.

'어떻게 하지?'

갈 길이 막히자 멍해졌다.

한동안 힘도 없고 밥도 먹기 싫은 채로 시간을 보냈다.

배움의 기회가 없는 인생이란 쓴맛 그 자체였다. 분식집에서, 요정에서, 군대에서 오직 생존하기 위해 여러 능력을 습득했고 깨달음도 얻었다. 하지만 생존을 위한 배움은 히브리어 알파벳의 달콤한 첫 맛을 경험하기 전까지만 의미 있는 것이었다. 인생에서 필사적으로 해야 할 일은 몇 번 찾아오지 않는다. 나는 어린 시절 놓치고 만 배움의 끈을 다시 잡기 위해 필사적으로 애썼다.

어떻게 해야 기능대학에 들어갈 수 있을까? 1급 자격증은 응시 자격일 뿐 필요충분조건은 아니라는 생각이 들었다. 늦었지만 공부를 체계적으로 하겠다는 결심을 하고 중학교 검정고시 학원을 찾아갔다. 문 앞까지 갔지만 막상 문을 열고 들어설 용기가 나지 않았다. 그길로 돌아서 집으로 갔다.

다음날 다시 학원으로 갔다. 안으로 들어가지 못하고 다시 서성이는데, 낯선 사람이 다가와서 내 손을 잡아끌었다.

"공부하러 오셨지요?"

"아, 네네……."

"나이가 있는 분들도 여기서 공부를 많이 하십니다."

"학생이신가요?"

"저는 수학선생입니다. 함께 공부하면 좀 더 편히 할 수 있습니다."

안정감을 갖게 해 주는 말이었다.

이 한마디에 용기를 얻어 학원을 바로 등록했다. 검정고시 중학교 과정부터 시작해서 그해 4월 고입과정, 8월 대입과정을 패스하고 12월 창원기능대학 시험에 응시했다. 그리고 드디어 합격 발표 날이 되었을 때 합격여부를 알기 위해 시외전화를 걸었다.

"합격입니다."

믿어지지 않는 결과였다.

한 해만에 중학과정과 고등과정을 마치고 대학까지 합격이라니 한 편의 극적인 드라마 같았다. 그간 걸어온 길은 결코 호락호락한 여정이 아니었지만 결과는 대성공이었다.

'아아. 드디어 해냈다. 해냈어!'

확인하고 또 확인했다.

시외전화 비용도 제법 들던 시절인데, 너무나 기쁜 나머지 나는 시외전화를 스무 번도 넘게 걸었다. 계속해서 들리는 합격! 합격! 그 소식이 얼마나 기뻤는지 모른다. 그날의 감격을 아직도 잊을 수 없다. 혼자 힘으로 이룬 것이기에 세상 부러울 것이 없는 '합격 소식'이었다. 학력에 대한 열등감으로 인해 공부를 향한 열망이 이루 말할 수 없이 컸으므로 이 세상 무엇과도 바꿀 수 없는 만족이요, 행복이고, 감동이었다.

드디어 꿈에 그리던 대학생활이 시작되었다. 꿈을 이루었다는 설렘 때문인지 수업시간, 학교 기숙사 생활, 모든 것이 너무 놀랍고 재미있고 신기하기만 했다. 나날이 꿈꾸는 것 같은 세월이었다.

2학년 때부터 기숙사 사생장 선거에 출마해 당선되었다. 학교를 마칠 때까지 리더십을 발휘해 기숙생들을 위한 봉사활동에 성실하게 임했다. 비록 일 년이라는 짧은 기간이었지만 그 기간을 통해 나는 리더십과 봉사라는 두 가지 소중한 경험을 체득했다.


자동차와의 본격적인 인연은 기능대학 졸업반 때 현대자동차 부산서비스 현장 실습을 나가면서 시작되었다. 현장 실습에서 기본적인 근무는 물론 자동차 보닛 간극 단차 문제 및 연료 탱크 밴드 체결 방법 개선, 대형 엔진 분해용 지그 개선 등 창의적 사고를 발

휘해 아이디어 제안을 하면서 실력을 인정받았다. 이러한 활동을
발판으로 기능대학 졸업과 동시에 현대자동차서비스에 취업해 대
구사업소에서 근무하게 되었다. 이제까지 군대와 학교에서 배우고
익힌 실력을 발휘하면서 직장에서 인정받고 생활에 안정을 찾을
수 있었다.

현대에서의 직장생활은 군대생활과 달리 비교적 자유로웠다. 한
마디로 남는 시간이 많았던 것이다. 군에서 생활하는 동안 나는 평
범한 간부들과 달리 면허증과 자격증 취득에 전력을 다하느라 여
유 시간이 없었다. 제대 후에도 새벽 5시부터 일어나 검정고시를
준비하고 바로 이어진 대학생활에 힘 쏟느라 나 자신을 돌아볼 기
회가 주어지지 않았다.

그런데 어려움 없이 직장에 들어가 근무를 시작하면서 나는 무
언가에 아쉬움을 느꼈다. 어렵게 공부해 기능대학을 졸업하고 취
업에 성공하기까지 극적인 인생 반전에 성취감이 컸는데, 가슴 한
구석에 허전함이 한꺼번에 몰려들었다. 나는 아직도 더 많은 것을
배우고 알고 싶었다.

그 무렵 나는 엉뚱한 생각을 하기 시작했다.
'그래. 다시 공부를 하자. 내 도전을 여기서 접을 수는 없어!'
내 머리와 가슴은 여전히 배움의 길에 머무르기를 원했다. 이렇

게 단호한 마음을 먹고 우선순위를 정한 나는 회사에 과감하게 사표를 냈다.

'다음 꿈은 법관이 되는 것이다.'

법 공부를 결심한 나는 사법고시 패스를 위해 도서관에 다니기 시작했다. 7년의 편지 교제 끝에 아름다운 아내를 얻어 행복한 신혼생활을 시작한 무렵이었다. 가정을 꾸리자 심리적으로 안정됐다. 대기업에 다니던 아내의 헌신적인 도움과 지지로 공부를 시작했지만, 사실 아내의 속을 앞서 헤아렸다면 하지 말았어야 하는 결정이었다.

하고 싶은 대로 무작정 공부를 시작하고 몇 개월이 흘렀다. 하루는 아내가 조심스럽게 말을 꺼냈다. 뱃속에 우리 아기가 생겼다고 했다. 그 말을 듣자마자 기분이 묘하고 기뻤다. 아내와 함께 병원에 가서 초음파 검사를 하니 더욱 신기했다. 건강하게 움직이는 아기를 보자 벅차게 가슴이 뛰었다.

곧 태어날 아기를 생각하며 마음을 굳게 다잡았다. 그런데 시간이 흐르면 흐를수록 이상하게 공부에 집중이 되지를 않았다. 아기가 생겨 굉장히 기쁘고 설레지만, 그럴수록 내 목표는 어딘가 잘못된 것이 아닌가 하는 생각이 들었다. 아기로 인한 자극과 동기부여, 그리고 막중한 책임감 사이에서 마음이 잔물결처럼 흔들리기 시작했다.

'내 꿈을 위해 무작정 공부만 계속할 것인가.'

'곧 태어날 아이와 가족은 이제 어떡하나!'

'혼자 살 때와는 상황이 다르다. 공부를 놓고 새 일을 구하는 게 나을까?'

이 생각 저 생각을 하며 고심하다 보니 공부가 잘 되지 않았다. 아이가 생기면서 전보다 책임감이 커졌기 때문이다. 현대자동차에 제출한 사표도 떠올랐다. 단호하고 명쾌한 결정이었지만, 참을 수 없이 찝찝한 뒤끝을 남겼다.

이 시기 선택과 책임이라는 두 단어가 내 머릿속을 지배했다.

책임이란 무엇인가. 영국의 성직자 윌리엄 바클레이는 말했다. "책임은 인생이 우리에게 얼마나 많은 시간을 빌려주었는지, 우리가 인생에 얼마나 많은 것을 빚졌는지 깨닫는 것이다."라고 말이다. 나에게 책임이란 함께 가는 삶이었다. 주어진 상황과 시간을 받아들이고, 어떻게 결정하느냐는 선택 앞에서 주변 사람들과 더불어 나아가고자 하는 마음. '혼자 나아가는 이기적인 길을 결코 선택해서는 안 된다'는 단호한 의식이 가정과 세상에 대한 책임의식이었다. 우리는 인생으로부터 빌린 것을 갚기 위해 책임의식을 가져야 한다. 이 생각은 무모한 사표와 법학 공부, 그리고 아내의 임신을 통해 얻은 값진 교훈이었다.

# 궁핍 선생을 모셔라

재능이란 대단한 인내심일 뿐이다.
– 아나톨 프랑스

유교 경전인 주역(周易)에 궁즉통(窮卽通)이란 말이 있다. 궁하면 통한다는 뜻이다. 배고프고 목이 마르는 상태에서 사력을 다해 돌파구를 찾고자 하면 결국 자기가 얻고자 하는 최대한의 답을 구할 수 있다는 것이다. 살다 보면 실제로 궁핍하거나 어려운 현실로 내몰릴 때 혁신적인 방법이 나타나는 경우가 있다. 빈곤과 갈망은 이따금 더 나은 미래로 나아가기 위한 좋은 연료로 쓰인다.

삼십대로 막 접어들 무렵이 내게는 그랬다. 잘 다니던 직장도 관두고, 법 공부도 접고, 아무 준비 없이 아빠가 되었다. 부모의 원조도 없으니 빨리 안정된 일자리를 구해야 했다. 백방으로 수소문해 알아보던 중에 대학 주임교수님께서 한 가지 정보를 알려주셨다.

"갑도군! 기아자동차에서 사람을 뽑고 있으니 취직을 하는 게 어떤가. 모집분야가 연구소 부분이니 자네 적성과 잘 맞을 것 같은데……."

교수님의 시의적절한 제안에 깜짝 놀라 눈을 번쩍 떴다.

궁즉통의 철학을 되새기며 변화를 꾀하는 시점이었다. 일단 올라가 부딪쳐 보자는 심정으로 무작정 서울로 향했다. 입사지원서를 내고 신체검사와 면접까지 마쳤다. 이런저런 절차를 마치고 건물을 나서는데, 먼저 기아에 입사한 대학선배가 내게 말을 걸었다.

"자네, 창원기능대학 출신이지? 멀리서 서울까지 왔으니 오늘은 우리 집으로 가세. 얘기 좀 나누다 천천히 내려가지."

"아닙니다. 민폐를 끼칠 순 없습니다."

"민폐는 무슨. 이런 게 사람 사는 맛이고 정이지."

선배는 인심 좋게 웃었다.

선배님 성함은 나병수, 알고 보니 동갑이었고 대우자동차에 다니다가 기아자동차 연구소로 자리를 한 번 옮긴 분이라 말이 잘 통했다. 그길로 나는 선배 집으로 가서 밥도 먹고 하룻밤 신세도 지면서 회사 분위기라든가, 이직이라든가, 미래에 대한 여러 생각을 나누었다. 그 당시 나 선배가 베풀었던 친절과 배려는 아직도 잊지 못할 기억으로 남아 있다.

이 특별한 인연 때문일까?

"앞으로 같이 잘 해 보자!"

그날 밤 선배의 한마디는 얼마 지나지 않아 진짜 미래가 되었다. 암담하고 궁한 처지에서 벗어나 당당하게 기아자동차 연구소에 입사하게 된 것이다. 도전과 혁신에는 의지와 책임이라는 과제가 선행되어야 한다. 나는 가족에 대한 책임을 다하고자 공부를 미루어 두기로 마음을 단단히 고쳐먹었다. 생계와 아이양육이 최우선이었다. 현대자동차 퇴사의 찜찜함을 거울삼아 어떤 일이 주어지든 맡은 바 업무에 몰입하기로 했다.

입사 후 연구소 내 자동차 엔진 실험실에 배치되었다. 기본 근무에 충실하면서 아침에 실시하는 사내 영어교육에 적극적으로 참여해 외국어 소양을 키웠다.

첫 수업 때만 해도 큰 강의실을 빼곡히 메웠던 동기들이 두 달만에 딱 반수로 줄었다. 아침 여섯시에 수업을 시작하는 터라 근무와 병행하는 것이 무척 어려웠다. 정확히 삼 개월이 지나고 나니 수강생이 열댓 명 남짓 남았다. 단출한 생존자들이 이 빠진 강의실 풍경을 드문드문 지켰다.

그 시절 나는 수업에 빠지는 동기들과 달리 공부가 좋고 재미났다. 우선 공짜 공부라 웬 떡이냐 싶었다. 현실과 싸우지 않아도 배울 수 있으니 그렇게 가볍고 기쁠 수가 없었다. 또 어렵고 힘든 시기마다 배움에서 희망을 발견했기 때문에 내게 공부란 곧 기회이자 행복 그 자체였다. 궁함이 없었다면 이렇게 간절히 원하는 마음은 없었을 것이다.

근무 면에서도 성실한 자세로 임해 좋은 성과를 이루었다. 당시 연구소 직원들은 나를 제외하곤 대개명문대 석사 이상의 학력을 가진 수재들이었다. 있는 힘껏 최선을 다해 내가 가진 역량을 발휘하지 못하면 경쟁에서 살아남기 힘들었다. 나는 기술학교에서 배운 지식을 바탕으로 엔진 연구에 파고드는 동시에 업무에 관한 각종 아이디어를 제안하고 다양한 개선작업을 추진했다.

첫째로 설비 관리가 제대로 되지 않아 부품관리 카드를 만들었다. 한 눈에 볼 수 있는 관리카드를 만들자 누구나 기록하고 확인할 수 있는 관리 시스템이 정착되었다.

둘째로 수입에 100% 의존하던 엔진 테스트용 온도센서를 국산화했다. 당시에는 자동차 엔진에 들어가는 온도센서가 전부 수입품이라 실험 자체에 돈이 많이 들었다. 이에 큰 문제의식을 느끼고 테스트 비용을 줄이기 위해 아이디어를 냈다. 온도센서 관련 교육을 받고 김영엽 부장과 함께 곧장 개발에 착수했다.

"부장님, 엔진 가공 자동화 설비가 공장에 한 대밖에 없어서 실험이 어렵습니다. 온도센서를 새로 꽂아보려고 하면 기술자들이

텃세를 부리고 배짱에 억지까지 부립니다. 차라리 연구소에 한 대 사는 건 어떨까요?"

"흠. 기계가 비싸긴 하지만…… 좋아! 한 번 제안해 보세."

열정적인 제안으로 연구소 내에 비싼 기계까지 들였다. 개발에 대한 책임이 더욱 막중해졌다. 아무도 하지 않는 도전이었다. 여러 가지 전기배선, 수많은 재료를 사용해 미친 사람처럼 연구에 몰두한 결과 결국 온도센서 국산화에 성공을 거두었다. 국산화한 센서의 재료비는 수입품 원가에서 백분의 일도 되지 않는 금액이었기에 엔진 개발 비용을 크게 줄여 엄청난 원가절감 효과를 냈다. 나는 개발 공로를 인정받아 대략 한 달 월급을 포상금으로 받았고, 그해 연구소 제안왕의 영광도 얻었다. 현장에서 얻은 문제의식에 착안해 이를 개선코자 적극적으로 애쓴 결과였다.

그 시절 첫 회사를 그만두고 얼마간 방황하다 기아자동차에 첫발을 내딛기까지, 나는 극적으로 변화한 지난 삼십대를 돌아볼 때마다 주역의 궁즉통 원리를 다시금 떠올린다. 궁즉통은 사실 '궁즉변(窮卽變), 변즉통(變卽通), 통즉구(通卽久)'를 줄인 말이다. 궁하면 변하고, 변하면 통하고, 통하면 오래간다는 말이다. 즉 깊이 연구해 변화를 모색하면 이루어지고 오래간다는 의미이다. 간절할수록 길이 보이기 마련이다.

최근 삼포(三抛)세대라는 말이 회자되고 있다. 장기간의 경기 침체, 불안정한 일자리, 학자금 대출 상환, 기약 없는 취업 준비, 치솟은 집값 등으로 연애, 결혼, 출산 세 가지를 포기한 젊은이들을 말한다. 경제적, 사회적, 심리적 궁핍으로 적지 않은 20~30대 젊은이들이 고통 받는 추세이다.

화려한 스펙과 일류기업 입사가 아니면 실패한 사람으로 몰아가는 사회적 풍토에 압도당한 젊은이들은 궁핍을 끔찍한 절망이요, 절대적인 좌절로 생각한다. 하지만 나는 경험자로서, 선배로서 가정 형편이 어려워 힘들게 공부하는 학생들이나 어린 나이에 생업 전선에 뛰어든 직업훈련생, 신입 사원들에게 꼭 건네는 말이 있다.

"가슴 안에 궁핍 선생을 모셔라. 한 분도 좋고 세 분이면 더 좋다."

궁핍 선생은 특정 인물이 아니다.

궁핍 선생을 모시라는 말은 자기 안의 궁핍을 스승으로 모시라는 뜻이다. 남들보다 조금 부족해도 괜찮다. 궁핍을 스승으로 모시고 다니면서 이를 뛰어넘을 힘을 기르면 된다. 내 경우에는 그랬다. 가슴 속에 궁핍 선생이 세 분 있었다. 학력의 궁핍은 배움을 향한 열망으로, 돈의 궁핍은 근면함과 알뜰함으로, 열등감은 극복의 의지로 바꾸었다.

일본에서 경영의 신으로 불리는 마쓰시다 전기의 창업자 마쓰시다 고노스케는 성공의 비결이 무엇인지 묻는 기자들에게 이렇게 말했다.

"신은 내게 세 가지 은총을 주었습니다. 하나는 가난입니다. 이 끔찍한 가난에서 벗어나기 위해 나는 끊임없는 노력을 했습니다. 둘째는 병약한 몸입니다. 몸이 건강하지 않았기 때문에 늘 운동하고 건강을 돌봤습니다. 셋째는 초등학교도 가지 못한 무학입니다. 나는 정규 교육을 받지 못했기 때문에 끊임없이 책을 읽고 모든 사람들로부터 배웠습니다."

돈의 궁핍, 건강의 궁핍, 학력의 궁핍을 스승으로 모시면서 부족한 부분을 이겨내기 위해 부단히 노력했기에 그는 어마어마한 부와 건강과 독서력을 지닌 CEO가 되었다. 그는 파나소닉, 테크닉스, 빅터 등의 브랜드를 히트시키고 마쓰시다 전기를 연간매출 5조엔 이상, 국내외 관련회사 570개사, 직원 19만 명을 거느린 글로벌 대기업으로 성장시킨 주역이다.

인간은 누구나 부족하다. 제아무리 완벽해 보이는 인간도 저마다 제 안에 궁핍을 안고 산다. 그 궁핍을 분명하게 알고 뛰어넘고자 애쓴다면 부족은 열등한 것이 아니라 큰 에너지가 될 것이다. 궁할수록 기뻐하라. 더 크게, 더 많이 변하고 통할 것이므로. 궁핍을 선생으로 모시고 궁즉통의 원리를 매사에 기억하라. 만약 궁핍을 모른다면 우리에게는 더 나아질 기회도 주어지지 않을 것이다.

# 경험이 스펙을 앞선다

우리는 책에서 정보를 얻을 수 있다.
그러나 참된 지식은 그것을 지니고 있는 사람으로부터 배워야 한다.
- 로보트 돌런

중국 고전에는 경험의 중요성을 강조하는 이야기들이 무수히 많다. 중국 성인들은 책상 앞에 앉아 어려운 문장을 외우는 것을 진정한 배움으로 생각하지 않았다. 진정한 배움의 길은 학력이나 탁상공론이 아닌 경험에서 나온다고 생각했다. 대표적인 경우가 공자였다. 하루는 제자 가운데 한 사람이 공자에게 조심스레 물었다.

"어떻게 하면 선생님처럼 좋은 책을 쓸 수 있나요?"

"내가 성인의 말을 전하긴 하나 내가 지은 것은 아니다."

공자는 제자에게 술이부작(述而不作)이라 답했다. 제자에게 자기 저술의 업적을 낮추어 겸손을 드러낸 것이다. 이에 제자는 다시 한

번 물었다.

"어떻게 하면 선생님처럼 많은 지식을 쌓을 수 있을까요?"

"듣거라. 들은 것은 잊어버리고 본 것은 기억이 되나 직접 해본 것은 이해가 되느니라."

공자는 제자에게 말했다.

손으로 만지고 몸으로 부딪치는 것만이 진짜 공부임을 강조한 것이다.

최근 한 구직구인 포털 사이트에서는 대학생 491명을 대상으로 '타임머신을 타고 싶은 순간'을 묻는 설문 조사를 벌였다. 그 결과, 전체 학생의 17.1%가 '학벌, 학점 등 스펙이 뒤처진다고 느낄 때'를 꼽았다고 한다.

여기서 스펙이란 사양을 뜻하는 영어 'Specification'의 줄임말로 취업 준비생들 사이에서 널리 쓰이는 신조어이다. 직장을 구할 때, 혹은 입시를 치를 때 요구되는 학벌·학점·토익 점수 등의 평가요소를 가리킨다.

그러나 직접 해본 것만이 진짜 공부임을 강조한 공자님의 생각을 기준으로 하면 학벌과 학점, 토익 점수 등 스펙은 그저 숫자에 지나지 않는다. 지난 삼십여 년 간 수만 명의 대기업 사원들을 대상으로 직원 교육을 담당해 온 나는 화려한 스펙보다 직접 부딪쳐 개선하는 현장 경험이 진짜 능력을 만든다는 점을 강조하고 싶다.

일 잘하는 사람은 스펙이 아닌 행동으로 말한다.


　경험이 스펙을 앞선다. 이런 생각은 1980년대 기아자동차 연구소 근무 당시 기술학교 출신으로서 회사에 기여하는 여러 성과들을 만들어내면서 더욱 공고해졌다.

　당시에 기아에서는 트럭을 개조해 만든 소형 승합차 봉고 '코치'를 내놓았다. 이 봉고가 전국민적인 인기를 얻으면서 위기 직전의 기아는 극적으로 살아났고 우량기업으로 거듭났다. 이른바 '봉고 신화' 시기, 그 즈음 봉고 엔진 블록에 이따금 문제가 발생했다. 엔진 블록에 피스톤이 소착되는 현상이 나타나 엔진에 큰 문제를 만들었다. 연구소 실험실에 이를 당장 해결하라는 과제가 던져졌다. 비상 사태였다.

　어떻게 이 문제를 해결할까. 연이어 아이디어 회의를 거치면서 문제점을 찾아내기 위해 별의별 생각을 다했다. 일단 문제를 확인하기 위해 엔진 블록 옆면을 잘라 냉각수를 흘려보내면서 흐름을 관측해보기로 하고 실험 준비를 서둘렀다. 아이디어 회의에서 나온 여러 생각을 실험을 통해 확인하려면 재료 준비, 엔진 가공, 실험대 설치, 부품 수배 등 준비할 것이 한두 가지가 아니었다. 실험이라는 작업이 늘 긴장을 요하지만, 품질 문제 발생 건은 분초를 다투는 실험이라 긴장감과 부담감이 훨씬 더 컸다.

먼저 엔진 블록 절개 부분에 두꺼운 투명 아크릴판을 붙이고 흡배기 쪽 냉각수 흐름 펌프를 달아 물의 흐름을 관찰했다. 아크릴판이 강한 압력을 버티지 못해 벌어졌고, 그 틈으로 물이 줄줄 새고 말았다. 실험 자체가 불가능한 상태였다. 더 두꺼운 아크릴판으로 교체하고 특수 본드와 볼트로 단단히 고정한 다음 재 실험에 들어갔다. 그런데 이번에는 기포가 심하게 발생해 냉각수의 흐름을 제대로 관찰할 수가 없었다.

실험조차 할 수 없다니……. 답답하고 막막했다. 무슨 방법이 없을까? 오랜 고민이 뇌리를 떠나지 않았다. 그러다가 어느 순간 비상한 생각이 떠올랐다.

'아하, 맞아. 문제는 투명한 물이다. 물의 흐름이 보이질 않아 실험이 막혔으니, 물과 비중이 똑같은 다른 물질을 넣어 흐름을 파악하면 될 것 아닌가?'

발상은 좋았지만 물과 비중이 같은 물질이 뭔지 알 수 없었다.

각양각색의 소재를 냉각수에 넣어 거듭 실험하고 관찰했지만 문제점은 도통 발견되질 않았다. 시간은 자꾸만 가는데 실험에는 진전이 없고, 주변 분위기는 점점 더 험악해지고, 막막한 상황이었다. 하지만 궁하면 통한다는 궁즉통의 철학은 늘 힘을 발휘했다. 어렵고 막힌 상황일수록 최선을 다하니 해결책이 머릿속에 번뜩 떠올랐다.

'물과 같은 비중이라……. 얇은 플라스틱을 좁쌀처럼 잘게 잘라서 물에 넣고 함께 흐르게 하면 어떨까?'

그 즉시 준비해 다시 실험에 돌입했다.

물 위에 뜨는 플라스틱, 물 아래로 가라앉는 플라스틱, 물과 함께 흐르는 플라스틱 등으로 나뉘어 눈으로 금세 구분이 되었다. 연이은 실험을 통해 물과 함께 흐르는 것만 수거해 실험 해 보니 블록한 부분에서 실험 소재가 정체되는 것을 발견할 수 있었다.

"찾았다!"

나는 쾌재를 불렀다. 거듭된 실험을 통해 해법을 찾아낸 것이다.


위기극복 능력은 반드시 화려한 스펙을 가진 일꾼이 만들어내는 것이 아니다. 진짜 능력은 능동적인 모색과 실행을 통해 스스로 만들어가는 것이다. 내 경우에는 여러 번의 실험과 좌절, 차곡차곡 쌓이는 현장 경험치가 문제를 해결하고 높은 생산성을 이끌어 내는 진짜 능력으로 이어졌다.

이 성공을 토대로 1980년대 후반에는 전자엔진 개발을 위한 무접점 실험을 맡았다. 독일에서 들어온 무접점 회전속도계(RPM, 1분당 엔진 회전수를 나타내는 단위)를 테스트하는 실험을 담당하게 된 것이다. 엔진 RPM은 보통 저속 700~800에서 고속 8000~10000까지 넓은 범위를 실험해야 한다. 이렇게 높은 RPM으로 실험하다 보니 무접점 센서를 설치한 뒤 속도를 조금만 올려도 진동과 접점 간극의 간섭 때문에 파손되는 경우가 다반사였다. 실수를 거듭하다 보니 나중에는 테스트 부품이 얼마 남지 않았다. 그래도 포기하지 않고 무접점 센서를 설치, 조심스럽게 속도를 올리며 정말 어렵게 실험에 성공했다. 그 결과 전자엔진 개발을 적절한 시기에 해낼 수 있었다.

이렇게 기아 '봉고 신화'의 역사는 고액 연봉의 엘리트 직원들이 쌓은 스펙이 아닌 평범한 현장 직원들의 땀방울을 통해 지속될 수 있었다. 나는 지금도 학점과 학력, 때로는 경력까지 능가하는 진정한 능력에 깊은 자부심을 느낀다. 그것은 적극적인 문제의식과 물러서지 않는 실행력, 제안에 대한 책임 의식에서 비롯된다. 이 생각은 두 번의 대학 진학과 대학원 진학에 성공한 지금에도 결코 변함이 없다.


한 일본의 인재 발굴 전문가는 기업 100곳, 직장인 1만 명을 대상으로 14년간의 조사 끝에 이런 결과를 발표했다. 잠재적 인재는 어떤 사람들일까? 회사의 운명을 바꾸는 진짜 인재들의 공통점은 무엇일까? 그들은 화려한 스펙이 아닌 업무력을 갖추고 있었다. 그는 바로 '사고하는 힘', '조직을 위해 기꺼이 움직이는 힘', '유효한 정보를 모으는 힘', '자기 성과를 높이는 힘' 등 네 가지 업무력이 높으면 높을수록 유효한 성과로 이어진다고 했다.

스펙 전쟁에서 벗어나라. 숫자 쌓기, 스펙 쌓기를 위한 공부에서 벗어나라. 결국 회사가 선택하는 인재는 일 잘하는 사람, 높은 생산성을 이끌어내는 사람이다. 쟁쟁한 스펙에 가려 빛을 보지 못한다면 성과에 승부를 걸어야 마땅하다. 진짜 인재는 이력서가 아니라 실제 업무에서 기회를 만든다는 사실을 기억해야 할 것이다.

# 나는 담당자다

언뜻 보기에 보잘 것 없는 일일지라도 전력을 다해야 할 것이다.
일은 정복할 때마다 실력이 붙는다. 작은 일을 훌륭히 해내면
큰일은 자연히 결말이 난다.
– 데일 카네기

    인간은 저마다 공동체를 가지고 있다. 회사라는 조직도 일종의 공동체라 할 수 있다. 우리가 공동체에서 더 많은 계획을 세우고, 중대한 책임을 맡고, 이를 성공적으로 끝마칠수록 우리에 대한 공동체 내부에서의 평가는 더 높아지게 된다. 그러하기에 책임의식이란 우리가 살면서 지켜야 할 가장 중대한 원칙 가운데 하나이자 거의 전부라 해도 과언이 아니다.

    교육 강사로서 사원들에게 생산 현장에서 필요한 직무 내용을 가르칠 때 늘 빠짐없이 말하는 부분도 이 책임의식이다.

    "당신은 생산직 직원이 아닌 담당자입니다. 우리에게는 담당 업무에 대한 무한 책임이 있습니다. 업무 내용에 문제가 발생하면 끊

임없이 질문하고 끝까지 개선해야 합니다."

강의실에서 이 말을 할 때마다 떠오르는 옛 기억이 있다.

1988년 연구소에서 있었던 일이다.

기아자동차 엔진 실험실 안에는 고가의 실험 기계들이 많았는데, 특히 엔진 유압 다이나모미터(dynamometer) 시험기는 현재까지도 사용하는 필수 장비로서 굉장한 고가 수입 장비 가운데 하나였던 것으로 기억한다. 그 당시만 해도 우리나라 자동차 산업의 국산화 단계는 요원했던 시기였다. 때문에 실험실에서도 외국으로부터 고가 장비를 수입해 엔진 성능 실험을 할 수밖에 없었다.

그런데 문제는 부담감이었다. 고가의 수입 장비를 사용하다 보니 어쩌다 고장이라도 나면 손 쓸 엄두가 나지 않았다. '괜히 수리한답시고 나섰다가 더 고장 나기라도 하면…….' 하는 소극적인 마음이 스멀스멀 올라와 망설임의 시간이 길어졌다. 그 마음은 어쩌면 당연한 것이었을지도 모른다. 사람은 누구나 자기가 잘 모르는 것에 대해 불안 심리를 가지는 법이었다. 게다가 이 문제는 나만이 아니라 연구소 동료들이 공통적으로 느끼는 애로 사항이기도 했다.

그렇기에 엔진 유압 다이나모미터 시험기가 일단 고장이 나면 해외에서 기계를 수리할 슈퍼바이저가 오기까지 넋 놓고 기다리기 일쑤였다. '고장 - 수리 요청 - 대기 - 해외 기술자 파견 - 대기 - 수리'

의 이 지난한 과정은 늘 분초를 다투는 시급한 사안을 다루어야 하는 현장 실험실 담당자 입장에서는 참으로 답답한 일이 아닐 수 없었다.

그런데 엔진 유압 다이나모미터 시험기는 어쩌면 그렇게 자주 고장이 나는지, 돌이켜보면 기계가 돌아가는 날보다 멈춰 서서 대기하는 날이 더 많았다. 게다가 일본인 슈퍼바이저가 수리를 마치면 겨우 한 달 정도 작동이 가능할 뿐, 한 달이 지나면 다시 멈추거나 고장 나기를 반복했다. 나는 이런 현상을 유심히 지켜보다가 답답한 마음에 반장님에게 여쭈었다.

"반장님, 왜 슈퍼바이저가 오기만 기다려야 하나요?"

"말해 뭐해. 우리 힘으로는 못 고치잖나."

"그렇다고 마냥 하릴없이 기다리기만 하면 되겠습니까?"

"아, 말도 마. 그러니 우리도 속이 타지."

"그러면 이렇게 매번 일본인 기술자에게 매달리지 말고 우리가 직접 해 보면 안 됩니까? 매뉴얼도 있고 말입니다."

"매뉴얼이라……."

반장님이 깊은 한숨을 쉬었다.

내 말이 틀린 것은 아니었지만 문제는 매뉴얼이 전부 외국어로 되어 있다는 사실이었다. 맨 처음에 부품 용도와 기계 작동방법을 연구할 때에도 순전히 눈썰미와 경험으로 익힌 상황이었으니, 매뉴얼을 숙지할 엄두가 나지 않았다.

　일본인 슈퍼바이저는 날이 갈수록 점점 더 얄미워졌다. 그는 고장 난 기계의 전 부품을 완전히 분해한 다음 바닥에 늘어놓고 온갖 여유를 다 부려가며 수리를 진행했다. 하지만 아무리 옆에서 딱 붙어 지켜봐도 뭐가 문제인지 오리무중이었고, 도무지 수리 노하우를 알아낼 수가 없었다. 한참 뒤에야 알게 된 사실이지만 그는 고장을 말끔히 수리해 놓고 가는 것도 아니었다. 딱 한 달 정도만 사용이 가능하게끔 부품을 교체한 다음 수리를 다 마쳤다며 자국으로 돌아갔다.

　이런 형국이니 기계는 매달 정기적으로 멈출 수밖에 없었다. 예를 들어 기계가 무리 없이 작동하게끔 7단계 과정을 다 수리해야 하는데, 일부러 4단계 과정까지 수리해 놓고 가버리는 식이었다. 그래서 딱 한 달에 한 번 슈퍼바이저를 불러야 하는 일이 반복되었고, 그에 따라 엔진 실험도 늦어졌다.

　일정이 늦어지는 만큼 실험실 멤버들도 속이 새카맣게 타들어갔다. 일본 슈퍼바이저가 기계를 어떻게 고치는지 그 기술을 어깨 너머로 배우고자 나중에는 연구소 전 직원이 매달려 숱한 노력과 시간을 기울였다.

　"옆에서 살펴서는 도저히 알아낼 수 없는 걸까?"

"그럼, 이건 어때? 천장을 뜯어내서 위에서 관찰하는 거야!"

한 동료가 농담 반 진담 반으로 이런 얘기를 했다.

그러다 급기야는 정말로 천장을 뜯어서 틈을 만든 다음 부품 늘어놓은 것을 위에서 관찰하기도 했다. 하지만 그가 부품을 수리하는 모습을 정확히 보았음에도 불구하고 여전히 수리하는 법을 파악할 수 없었다.

"이 방법은 안 되겠어. 어쩌지?"

"아예 슈퍼바이저 옆에 꼭 붙어서 감시하는 건 어떨까?"

"지난번에 했잖아. 안 그래?"

"그랬지. 하지만 이번에는 조금의 틈도 없이 24시간 밀착 감시하는 거야."

"좋아. 틈 없이 바짝. 다시 한 번 해 보자!"

우리는 1미터의 간격도 허용하지 않을 정도로 슈퍼바이저의 옆에 바짝 붙어 다니며 수리 노하우를 알아내고자 촉각을 곤두세웠다. 하지만 이마저도 여의치가 않았다. 그가 바닥에 늘어놓은 부품이 너무 많아 파악이 쉽지 않았다.

"아아. 정말 미치고 환장하겠네!"

모든 연구원들이 거의 절규하다시피 했다.

절박한 심정이었다. 이렇게 시간이 흐를수록 직원 모두가 엔진 유압 다이나모미터 시험기 수리 기술을 정말 간절한 마음으로 원하고 있었다. 한국 최고의 자동차 전문 기술을 보유하고 있다고 자부하는 기아자동차에서 테스트 기계 하나 자력으로 수리하지 못한다니, 정말 부끄럽고 자존심 상하는 일이었다.

종국에는 각종 궁여지책을 접고 원칙에 충실하기로 했다.

우선 엔진 유압 다이나모미터 시험기기 부품들의 정확한 명칭과 사용법이 자세히 기록되어 있는 설비 매뉴얼을 차근차근 번역해 보기로 했다. 영어 실력이 썩 빼어나진 않았어도 영어에 대한 두려움이나 거부감은 없었다. 군대에서 정비 담당자로 근무할 때 미군에게 물어물어 영어를 공부한 경험과 아침마다 꾸준히 갈고 닦은 얼마간의 영어 실력이 있었다.

영어 사전을 들고 다니면서 번역을 시작했다. 부품 명칭처럼 짧은 단어는 사전을 통해 찾을 수 있었지만 작동 방법과 용도를 설명하는 긴 문장은 해석이 쉽지 않았다. 기계에 관한 전문용어와 그 설명은 일상 회화와 많이 달랐다. 게다가 생산직 사원이 외국어로 된 매뉴얼과 사전을 들고 다닌다고 주변 사원들의 시선이 곱지 않았다. 그들의 시선은 대게 이런 편견을 담고 있었으리라.

'현장 출신이 외국어 매뉴얼을 번역해? 과연?'

'어디 며칠이나 가나 두고 보자!'

심지어 어떤 이는 "꼴값을 떨어요."하고 비아냥댔다.

그 당시만 해도 현장 담당자는 '시키는 일만 하는 것이 당연하다'는 의식이 팽배했고, 무엇보다 생산직 직원이 고급 장비 매뉴얼을 익히는 것은 마치 풍차를 공격하는 돈키호테의 행동이나 다름없다고 여기는 것 같았다.

하지만 나는 주변 사람들의 시선에 아랑곳하지 않았다. 나는 기아자동차의 직원으로서 회사를 사랑했고, 큰 자부심도 갖고 있었다. 그 당시 기아자동차 엔진 실험실에 이 수리 기술이 꼭 필요했고, 이 업무는 내 담당이었고, 고로 내가 책임자였다. 회사에서 내업무 능력을 믿고 보직을 맡겼으니 책임을 완수하기 위해 최선을 다하는 것이 옳았다.

나는 영어 매뉴얼을 들고 각 담당 파트를 찾아 다녔다. 예를 들어 전기 파트 번역은 전기 담당자에게 꼼꼼히 질문하면서 매뉴얼을 차근차근 이해해 나갔다. 거래처를 비롯한 외부 전문가도 찾아다니면서 기술에 대한 이해도를 높여갔다. 그 결과 엔진 유압 다이나모미터 설비의 영문 매뉴얼을 완벽하게 익힐 수 있었다.

높은 목표를 이루기 위해서는 반드시 담당자의 강한 집념이 필요하다. 아무리 넘기 힘든 벽이라 해도 꼭 돌파하고야 말겠다는 집념만 있으면 활로는 열리게 되어 있다. 눈앞의 장애물을 넘어야 한다는 집념은 곧 강한 책임의식에서 나온다. 맡은 직무에 대한 막대한 책임을 기꺼이 짊어지고자 한다면, 우리는 얼마든지 배우고 이루며 성장할 수 있을 것이다. 당신의 삶에 기꺼이 책임을 부여하라. 무한 책임이란 곧 무한대의 성장 가능성이다.

# 현장 '살아있네'

경영학에 '탐색시행'이라는 용어가 있다. 한국의 피터 드러커로 불리는 학자 윤석철 교수가 여러 저서를 통해 개념화한 용어이다.

탐색시행이란 어떤 문제를 예(Yes) 혹은 아니오(No)로 극단적으로 나눌 수 있는 수준까지 정의한 다음 그 답을 끊임없는 실험에 의해 발견하는 방법이다. 예를 들어 무학의 발명왕 토마스 에디슨이 필라멘트 소재를 발견해낸 방법도 일종의 탐색시행이라고 한다. 에디슨은 수천 가지 물질을 삽입해 전류를 걸어보면서 탐색시행을 계속했고, 급기야 백열등 필라멘트 소재를 발견했다.

이렇게 탐색시행을 통해 발견한 지식은 실험인의 노하우(know-how)로 축적된다. 과학과 기술의 발달사를 보면 이론을 전혀 모르는 상태에서 탐색시행이 먼저 성공한 경우가 많다고 한다. 이 탐색시행 개념은 혁신과 비전을 위해 수천 번의 실험을 마다하지 않는 열정과 도전정신이 얼마나 중요한지를 시사한다. 핵심은 이론이 아닌 의지이다.

1980년대 후반, 엔진 유압 다이나모메터 설비 고장과 그에 대한 직무 책임은 나에게 새로운 도전 과제가 되었다. 책임의식을 가지고 설비 매뉴얼을 전부 번역하고 나니 보다 무거운 임무와 책임, 도전을 받아들여야 했다. 실질적인 문제 해결을 위해 이번에는 오직 일본인 슈퍼바이저만 다룰 수 있었던 엔진 유압 다이나모미터 시험기를 직접 손보는 일에 뛰어들 차례가 되었다. 피터 드러커가 말한 '성과를 향한 도전', '책임 있는 도전'을 필요로 하는 과제가 눈앞에 던져졌다.

하지만 나는 혼자서 이 중대한 업무에 도전해야 했다. 회사와 연구소의 미래를 위한 내 비전은 여전히 지지받지 못하고 있었다. 엔진 유압 다이나모메터 시험기 수리는 고액 연봉의 연구원들도 해내지 못한 도전 과제였다. 그런데 일개 생산직 사원이 매뉴얼을 들고 고쳐 보겠다고 나서는 상황 자체를 비아냥거리는 이들이 많았다.

"계란으로 바위치기야."

"나서지 말게. 생산직은 시키는 일만 잘 하면 돼!"

그 당시 현장 사원에 대한 편견의 벽은 지금보다 높고 두터웠다. 무모한 도전임을 알고 있었지만 어렵고 모르는 일일수록 나는 더 시도해보고 싶었다. 나는 어릴 적부터 모르는 것을 부끄러워하지 않았다. 모르는 것까지 아는 척하면서 더 알고 깨우치기 위해 노력하지 않는 것이 부끄러운 일이었다.

일본인 슈퍼바이저가 다녀가고 정확히 한 달 뒤 다시 설비가 고장 났다.

"제가 한 번 고쳐보겠습니다."

"자네. 자신 있나?"

"네. 매뉴얼을 완전히 숙지했습니다."

"괜히 더 고장 나게 하는 건 아니겠지?"

동료와 상사들이 미심쩍은 눈빛을 보냈다.

하지만 나는 기죽지 않고 설비 매뉴얼 번역본을 당당하게 펼쳤다. 이어 기계의 증상과 원인을 꼼꼼하게 기록해 가면서 수리에 집중했다. 탐색시행을 거듭한 결과, 문제는 이물질에 있었던 것으로 밝혀졌다. 엔진 실험 때마다 발생하는 미세 먼지 및 이물질을 유압 특수 미세필터가 걸러주지 못해 기계 전체에 영향을 미치는 것이었다. 정해진 기간 안에 규정 필터를 교환하고 정밀 초음파 세척으로 이물질을 제거해야 했다.

"이거야!"

드디어 해결책을 찾아냈다.

나는 세분화된 필터를 매뉴얼대로 정비하고 초음파 세척기로 필터를 정밀 세척했다. 핵심은 세척에 있는데, 그동안 우리는 오로지 부품 교환에만 관심이 있었으니 그 과정이 눈에 들어올 리가 없었다. 설비 매뉴얼에 필터 세척 방법은 나와 있지 않았지만, 열정적인 탐색시행을 통해 업무를 완수했다. 도전 정신의 승리였다.

엔진 유압 다이나모미터 설비가 정상적으로 작동되었다. 이 소식을 전해들은 윗분들이 내려와 현장에 환호를 보냈다. 그 자리에 당시 중앙기술연구소장으로 계셨던 이재실 상무님도 함께 오셔서 성과를 축하했다.

"대단해!"

"믿을 수 없는 일이야."

"이것이야말로 우리가 그토록 바라던 기술 아닌가. 자네의 땀과 노력으로 우리 기아의 엔진 기술도 한층 더 높아졌어."

상무님께서 아낌없는 칭찬의 말을 건네며 나를 격려해 주셨다. 무려 25년이 지났지만 이 말씀은 지금도 귓가에 쟁쟁하게 남아 있다.

그 일이 있은 후로 연구소에 큰 변화가 있었다. 우선 새로운 장비가 들어오면 매뉴얼을 무조건 번역하도록 제도가 개선되었다.

둘째로 사전 점검 제도가 생겼다. 사후 조치보다는 예방을 중요하게 여기는 방식으로 수리 방식이 바뀌었다. 현장 직원 누구나 알기 쉽게 한글 사용지침서가 부서마다 배치되고, 사전 점검으로 고장률이 현저히 떨어지니 그 전처럼 일본인 슈퍼바이저들에게 의존하는 일이 현저히 줄었다.

내 역할도 바뀌었다. 그 후 나는 엔진 유압 다이나모미터 설비의 사용법을 표준화해서 후임자에게 넘겨주었다. 그리고 연구원들에게 엔진과 설비에 관한 내용을 두루 전달하는 중책을 맡게 되었다.

1987~88년은 기아자동차가 세계를 향해 발전하면서 1990년대 글로벌 TOP10을 목표로 해외시장 진출을 확대하던 때였기에 굉장히 바쁜 시기였다. 내게 부여된 과제가 많아서 잔업도 한 달 평균 120시간 이상 지속해야 했다. 월 평균 잔업 120시간을 하려면 하루 평균 잔업 4시간 25일, 한 달 평균 일요일 특근 3일이었다. 기본엔진 개발에 신기술인 전자엔진 개발이 함께 병행되는 시점이라 정말 눈코 뜰 새 없이 바빴지만 신 엔진개발을 온전한 우리 기술력으로 해내겠다는 사명감으로 개발업무에 최선을 다했다.

자동차의 생명은 엔진이다. 글로벌 무한경쟁 시장 안에서 살아남으려면 성능 좋은 엔진을 만들어야 한다. 엔진 실험실에서는 하루라도 빨리 신제품을 만들어야 했다. 한동안 일에 푹 빠져서 지내다 보니 실험 결과가 하나둘 나타나기 시작했다. 나는 좀처럼 한계를 모르는 엔진처럼 열정적으로 업무를 추진했다. 실험 프로젝트를 하나 성공하면 이를 바로 표준화해 후임자에게 넘겨주고 다시 새 프로젝트를 맡아 성공하는 식으로 일하다 보니 업무 성과가 높게 평가되어 조장으로 빨리 진급할 수 있었다.

1988년에 생산직 사원으로는 최초로 유럽 오스트리아 AVL 연구소로 장기 기술연수를 떠나게 되는 행운도 얻었다. 개인적인 영광이기도 했지만 기아 엔진의 미래가 내 어깨에 걸려 있다고 생각하면서 연수를 떠나기 전 철저한 준비과정을 거쳤다. 연수 기간 동안 오스트리아 연구원들에게 질문할 내용을 빽빽이 기록한 노트 세 권과 그 내용을 영어로 번역한 자료를 준비했고, 이러한 사전 준비 덕분에 연수를 성공적으로 마칠 수 있었다.

귀국하자마자 한성자동차에서 스카우트 제의가 들어왔다. 좋은 조건이었지만 해외연수를 다녀온지 불과 얼마 되지 않아 이직을 한다는 것이 염치없는 행동이란 생각이 들어 그 자리에 학교 후배를 추천했다. 후배는 나중에 그 회사의 중역이 되었다.


아직도 많은 기아자동차 직원들이 생산직과 사무직, 두 부류로 사람을 구분 짓는 것을 보면 마음이 불편하다. 오랜 선배이자 동료로서 기아에서 일하는 직원만큼은 일하는 사람을 생산직, 사무직으로 구분하기보다 어떤 분야의 담당자로 인식하기를 바라는 바이다.

오래 전, 내가 영어 매뉴얼을 한 손에 들고 설비를 수리하겠다고 나섰을 때 많은 동료들이 나를 비웃었다. '생산직 주제에……', '생산직이 무슨!' 하며 편견과 선입견을 드러냈다. 하지만 나는 그 관념에 도전했다. 빨리 승진하기 위해서, 누군가를 뛰어넘기 위해서 도전한 것은 아니었다. 그저 담당자로서 맡은 책임을 다하기 위해 정성을 다했고, 어떤 과제 앞에서도 물러서지 않았다. 그 결과 담당 분야에 유례없는 성과를 냈고, 여러 가지 포상도 받았다.

우리 삶에 진정으로 가치 있는 건 직종과 직급이 아니다. 우리를 살아 있게 하는 건 직무 책임을 다하기 위해, 또 당면한 과제를 해결하기 위해 거침없이 도전한 인생 이력과 그 크고 작은 증거들이다.

그동안 다소 막연하고 두루뭉술했던 책임의식을 도전과 탐색시행으로 전환하면서 나는 의미 있는 성과를 거두었다. 피터 드러커의 말대로 성과를 올리는 기술은 누구나 습득할 수 있다. 만약 우리가 매사에 진지하고 헌신적이며 열정적인 태도를 유지한다면 어떤 무모하고 불가능한 도전도 성과, 성취, 성공의 역사와 바꿀 수 있을 것이다.

스스로 진지하게 목표를 설정한 사람은
그것을 이룰 것이다.
- 벤저민 디즈레일리

# 3장 · 도전

## 배움은 한계에 도전하는 것이다

# 우연을 시스템화하라

지식을 나눠주는 사람은
나눠주고 나서도 여전히 가지고 있다.
- 헤르만 지몬

미국의 자동차 왕 헨리 포드 1세는 생산 공정에서 '3S' 개념을 아주 중시했다. 여기서 3S란 표준화(Standardization)와 단순화(Simplification), 전문화(Specialization)의 세 가지 개념으로, 그는 이를 개발해 자동차 가격을 낮추는 데 성공했다. 덕분에 부유층의 전유물이던 자동차는 일반 서민들도 애용하는 교통수단이 되었고, 1921년 포드사의 시장 점유율은 절반 이상에 이르렀다.

1980년대 기아자동차 연구소에서 생산직으로 근무할 당시 내 담당보직은 설비 관리였다. 지금은 기아자동차의 전 시스템이 전산화되어 있지만, 그 당시만 해도 전산화는커녕 컴퓨터 자체가 보급되지 않았던 때였다. 게다가 1987년에는 이른바 정부의 자동차

산업 합리화 조치의 해제를 기점으로 기아자동차가 승용차를 자체 생산할 수 있게 되었고, 경쟁 기업인 현대자동차와 대우자동차의 시장 독점에 대항해 기아차 프라이드가 출시되면서 큰 성공을 거둘 수 있었다.

기아의 명운이 걸린 사안 앞에 생산 현장도 무척 바빠졌다. 그러자 설비와 부품관리 업무가 복잡해지면서 서로가 얼굴을 붉히며 짜증을 내기 일쑤였다.

예를 들면 이런 상황이었다.

한 직원이 다급한 목소리로 동료에게 물었다.

"여기 1번 부품 좀 주세요."

"아, 예. 잠깐 찾아보고 오겠습니다."

잠시 후 부품을 찾으러 갔던 동료가 빈손으로 돌아왔다.

"찾아보셨나요?"

"재고가 없습니다."

"네? 뭐라고요? 재고가 없다니요? 왜 없는데요?"

"글쎄요, 저도 모르겠는데요."

"무슨 업무를 그렇게 합니까? 그게 말이 됩니까? 왜 재고가 없는데요?"

"아. 낸들 압니까? 없는 걸 없다는데, 갑자기 만들어 내겠어요? 딱 한 달만 기다려 보세요."

그 당시 기아자동차는 최고의 기술력을 보유한 자동차 기업이라는 명성에 걸맞지 않게 내부 관리 시스템이 턱없이 부족한 상태였다. 지금은 상상도 못할 일이 하루가 멀다 하고 뻥뻥 터졌다. 지금은 부품관리를 제대로 못하면 바로 시말서를 제출해야 할 판이지만 그때는 당연한 일이었다. 자동차 왕이 개발한 3S, 특히 부품의 표준화 작업이 절실히 필요했다.

설비 파트 담당자가 된 후로 나는 관리 문제로 무척 고심했다. 각 부품이 어떤 용도로 쓰이는지 분류되어 있지 않았고, 재고량이 얼마인지 파악되지 않았다. 심지어 먼지와 함께 창고 가득 쌓여 있는 설비들에는 그 흔한 라벨 표시 하나 없었다. 고가의 부품과 설비들이 마치 고철덩어리나 폐품처럼 제대로 된 표시도 없이 마구 방치된 상태였다.

정리가 엉망진창이니 필요한 물건을 찾으려 해도 한참이 걸렸다. 이로 인해 부서원들끼리 다툼도 잦았다. 안타까운 마음이 치밀었다. 연구소의 경우 고가의 장비를 사용하고 있는 터라 부품 관리가 안 되면 설비 관리 또한 연쇄적으로 엉망이 되었고, 그런 폐단이 조금씩 누적되면서 작은 부품 하나하나가 결국 기업 전체의 생산성을 떨어뜨리는 상황이었다. 시간과 비용 면에서 여러모로 비효율적인 낭비였다.

관리만 잘 하면 원가를 줄이면서 시간도 단축하는 등 여러모로 회사에 도움이 되겠다는 판단이 섰다. 그때 내 머릿속에 퍼뜩 한 가지 생각이 떠올랐다.

우연을 시스템화하자. 모든 것을 시스템적으로 관리하자. 궁리 끝에 군에서 장비관리 업무를 맡았던 경험을 떠올려 장비 관리 카드와 서류 양식을 응용했고, 기아자동차의 상황에 맞게 양식을 얼마간 바꾸며 양식을 만들어 나갔다. 이 양식에는 부품 이름과 수량, 입고, 출고 예정일, 보관 위치 등이 기록되어 있었다. 이렇게 관련 사항들이 한 눈에 들어오는 간소하고 명료한 카드로 만들고 이를 보며 기록하고 관리하다 보니 전체 작업 과정이 수월하고 빠르며 혼란이 줄었다.

그러다 하루는 이런 생각까지 했다.

'그래. 담당자인 나만 알고 활용할 게 아니라 여러 사람과 공유하자. 담당자 없이도 다른 직원들이 빠르게 업무를 수행할 수 있도록 만들어야겠다.'

이런 마음이 들자 나는 주변 직원들에게 카드 읽는 방법을 비롯해 부품 위치 정보 등을 상세하게 알려 주었다.

처음에는 이미 타성에 젖어 있는 직원 그룹으로부터 '우리가 왜 이런 걸 알아야 하는데?' 하는 예상치 못한 저항을 거세게 받았다. 답답했다. 하물며 부엌의 살림살이나 책장의 책도 미리 정리해 두면 사용하기가 훨씬 편한데 회사 물건이라고 다르겠나. 이 방법이 얼마나 효율적인지 몸소 보여주면서 그 편리함을 눈으로 확인시키겠다고 속으로 생각했다.

실은 알고 보면 아주 간단한 일이었다.

연구소 엔진 실험실에 비치된 설비 부품의 용도와 위치를 라벨로 표기하고 이를 찾기 쉽게 관리 차트에 기록해 두니 차트가 어디에 있는지만 알고 있으면 원하는 부품을 빠르게 찾아낼 수 있었다.

"25번 부품 좀 주세요."

"예, 여기 있습니다."

"오! 참 빠른데요?"

새롭게 개발한 매뉴얼대로 일하되 앞장서서 잔무를 처리했다. 내가 일하는 모습을 가까이서 지켜본 동료들은 일하는 방식을 조금씩 바꾸어 갔다. 예전에는 의견을 받아들이지 않던 직원 그룹도 차츰 재고 관리 시스템을 익혀 물건을 쉽게 찾아내고 빠르게 업무를 처리했다.

"오오. 이렇게 하니 부품 못 찾아서 실랑이 벌이지 않아도 되고, 웃으면서 일할 수 있어 참 좋네."

이런 반응을 접할 때마다 입가에 웃음이 떠올랐다.

늘 문제가 되었던 직원들 간의 트러블과 불만사항들이 의외로 쉽게 해결되었다. 작은 라벨과 차트가 큰 힘을 발휘해 직원상호간

신뢰가 회복되고, 신나는 일터를 만들어가는 초석이 다져졌다.

이 모든 변화는 아주 단순한 일에서 일어났다. '창고 왼쪽 2층 3번째 열에 무엇 무엇이 있다……'며 부품 위치를 척척 꿰는 나를 보고 직원들은 신기해하며 내 기술과 노하우를 조금씩 익혀 갔다. 이 프로세스를 시스템화하고 4~5개월이 지나면서 직원 모두에게 리스트 정리하는 방법이 적용되자 업무가 훨씬 원활하게 진행되었다.

그 결과 부품 소비량이 예측되기 시작했고, 그에 따라 출납 상황을 알게 되면서 재고량 파악이 가능해졌다. 특히 부품이 언제 출고될지를 예상할 수 있어서 부품 부족으로 설비가 멈추는 일이 없어졌다. 또 설비가 제대로 돌아가니 부서간의 갈등도 사라지고 직원들 간에 얼굴 붉히는 일도 줄어들었다. 예전에는 부품 관리에 차질이 생겼을 때 상대 부서 탓이라며 서로 팽팽히 맞서는 모습이 빈번했는데, 일이 제대로 돌아가니 서로 여유가 생기면서 화합의 분위기가 무르익었다. 더 큰 변화는 여유만큼 대화가 늘어나고 서로 도움을 주고받기 시작했다는 사실이다.


업무의 표준화, 단순화가 이루어지니 전문화는 덩달아 실현되었다. 포드의 '3S'는 생산 업무 담당자들이 반드시 숙지해야 할 개념이다.

우연한 성공에 기대지 마라. 매뉴얼을 만들어 업무를 시스템화하라. 불편한 환경에 적응하고 적당히 지내는 소극적인 태도보다 불편함을 개선하는 적극적인 태도가 업무의 성과와 효율성을 극대화한다. 그래서 나는 불편한 것을 보면 그대로 놔두지 않는다. 스스로 개선하면서 문제를 해결하고자 노력한다.

만약 누가 뭐라 해도 '나는 안 돼!', '나는 절대 할 수 없어!' 라고 오랫동안 생각해 온 사람이라면 외부 변화에 예민해지고 일단 저항을 하기 마련이다. 그런 사람은 결국 한참을 헤매다가 변화가 옳았음을 알고 돌아온다. 부디 때를 놓치지 말고 거침없이 시도하기를 바란다.

# 편견의 틀에서 벗어나라

잘난 사람들은 남을 반박한다.
현명한 사람들은 자기 스스로를 반박한다.
- 오스카 와일드

 

최근 현대·기아차 그룹은 청년 실업자들을 대상으로 한 직업교육 컨소시엄을 지속적으로 확대해나가고 있다. 직업교육 컨소시엄이란 훈련이 끝나면 협력사인 중소기업들에 취업을 시켜주는 교육 프로그램이다. 이 교육이 다 끝나면 교육생들은 반드시 취업 상담을 하게 되어 있다. 상담 때마다 나는 꼭 이 질문을 한다.

"교육 많이 시켜주는 회사와 월급 많이 주는 회사가 있습니다. 어느 쪽을 지원하고 싶나요?"

"솔직히 말씀드리면 아무래도 월급 많은 쪽이……."

대부분의 교육생들은 후자를 원한다.

그러면 나는 질문을 바꾸어 교육생들에게 묻는다.

"자. 그렇다면 다시 한 번 묻겠습니다. 여러분은 죽기 전에 충분히 벌지 못한 돈이 생각날까요? 아니면 충분히 배우지 못한 것이 생각날까요?"

이렇게 죽기 전에 무엇을 더 후회하겠냐고 묻는다.

나는 이 질문에 전자를 답하는 사람을 아직 단 한 명도 본 일이 없다.

인생은 선택의 연속이다. 굉장히 중요한 직업 선택의 갈림길에서 고민한 경험이 있다. 그 시절 이야기를 해 보려고 한다.

기아자동차는 1990년대 이전까지 일본 마쯔다 자동차로부터 기술을 전수받으며 지속적인 관계를 유지하고 있었다. 그때까지만 해도 일본이 자동차 생산 기술면에서 우리나라보다 앞섰던 것은 사실이다.

때는 1990년대 초였다.

일본 마쯔다 자동차연구소에서 엔진 연구 관련 기술을 알려 주겠다고 제안해 담당자인 내가 3개월간 연수를 가기로 결정이 되어 있었는데, 어째 일이 꼬이고 말았다. 때마침 사내직업훈련원에서 사내 강사로 들어오라는 제안이 들어온 것이다. 일본 마쯔다 연수의 경우 다른 사람이 맡아도 되지만 직업교육 과정을 맡아 진행하려면 훈련교사 자격을 갖춘 사람이 필요하며, 그 적임자가 나뿐이라고 했다.

나로서는 많이 혼란스러웠다.

마쯔다 자동차연구소 연수는 엔진 담당자인 나에게 굉장히 좋은 기회였다. 일본 유수의 자동차 기업에서 기술도 배우고 일본어도 익힐 수 있었다. 나는 일본인 슈퍼바이저를 상대하고 설비 매뉴얼을 번역할 때부터 이런 결정적 기회를 기대했다.

한편 강사는 어릴 때부터 남몰래 키워온 꿈이었다. 막내 고모님이 대구 소재의 초등학교 선생님이었는데 어린 마음에 그 직업이 좋고 멋져 보였다. 게다가 고모님 댁에는 항상 먹을 게 많았다. 어린 마음에 '선생님이란 직업을 가지면 뭐든지 실컷 먹을 수 있구나.' 하는 생각 때문에 더 간절한 마음으로 꿈을 키웠다.

나는 용단을 내렸다. 현실보다는 꿈으로 마음이 기울었다. 일본 연수는 성공이 보장된 길이었지만, 나는 직업훈련원 강사의 길을 선택했다. 꿈을 환상, 망상으로 남겨두는 어리석은 사람이 되고 싶지 않았다. 일본은 나중에라도 갈 수 있지만 직업훈련원에서 나를 필요로 하는 상황은 일생에 단 한 번뿐인 기회일지도 모른다는 생각에 후자에 더 마음이 끌렸다.

'죽기 전에 꼭 해보고 싶은 일인데 당장 할 수 있으면 더 좋지 않을까?'

나는 다시 한 번 도전을 선택했다.

새로운 가치, 새로운 일, 새로운 발상에 도전하는 것에 인생의 묘미가 감추어져 있다. 한 가지 더 유리한 점이 있었다. 진급 특전이 부가되어 관리자인 직장(職長)으로 진급이 되었다.

드디어 강단에 선다는 설렘을 안고 사내 직업훈련원에서 강사 업무를 시작했다. 그런데 강의를 한다는 것이 결코 쉬운 일이 아니었다. 전공 지식과 기술은 머릿속에 충분히 있는데, 이 내용을 많은 사람들 앞에 서서 논리적으로 얘기한다는 것이 결코 만만치 않았다. 초반에는 강단에 설 때마다 얼굴이 후끈 달아오르고 다리가 사시나무 떨리듯 후들후들 떨렸다.

"어린 학생들 앞인데 왜 이렇게 떨릴까요? 일이 적성이 안 맞는 건 아닐까요?"

"무슨 소린가. 지금은 베테랑 강사가 된 사람들도 처음 대중 앞에 섰을 때는 대부분 떨었을 거라네. 자연스러운 현상이니까 걱정하지 말게."

주변 사람들의 위안과 지지를 받으며 마음을 다잡았지만 정말 만만한 일이 아니었다.

옛 말씀에 세상살이 가운데 힘든 세 가지가 있는데, 첫 번째가 같이 살기 싫은 사람이 자꾸 함께 살자고 매달리는 것이고, 두 번째가 나무에 올라갈 때 나뭇가지를 잡고 거꾸로 올라가는 것, 세 번째가 청중 앞에 서서 사람들을 설득시키는 것이라고 했다. 나는 그 세 번째 힘든 일에 도전한 것이다.

벌써 삼십여 년이 흐르고 보니 꿈이라는 것이 참 묘하다는 생각이 든다. 꿈은 최고의 도전과제이다. 한 이종 격투기 선수는 이런 말을 남겼다. 아직 이루지 못한 꿈이란 아직 도전하지 않은 일일 뿐이라고…….

나는 어린 시절 선생님의 꿈을 사내 직업훈련원 강사로 바꾸어 살아가고 있다. 남들보다 어려운 환경에서 자랐다고, 많이 배우지 못했다고, 생산직 직원이라고, 여러 편견에 갇혀 도전을 포기했다면 다가가지 못했을 꿈이다.

편견의 틀에서 벗어나 계속 도전하라. 자기 꿈을 선명하게 간직하고, 기회를 도전으로 응하는 힘과 정신이 있는 한, 꿈은 반드시 이루어지기 마련이다. 인생의 갈림길에서 언제나 배움이나 꿈처럼 더 가치 있는 것을 택했고 그 결과에 늘 만족했다. 그래서일까? 수십 년의 인생을 통틀어 이 확신만큼은 결코 흔들리는 법이 없었다.

# 히든 챔피언에 도전하라

*상상력이 지식보다 더 중요하다.*
**– 알버트 아인슈타인**

히든 챔피언이란 독일의 경영학자 헤르만 지몬(Hermann Simon)이 창안한 개념으로 대중에게 잘 알려져 있지 않지만 높은 점유율을 기록하는 '작지만 강한' 수출형 중소기업을 가리키는 말이다. 이들 기업은 비록 규모는 작아도 틈새시장을 적절히 파고들어 세계 최강자 자리에 오른 회사들이다. 국내에서는 기술력이 앞서고 성장 가능성이 큰 중소기업을 가리키는 말로 통상 쓰인다.

이 용어는 이제 사람들 사이에서 그리 낯선 개념이 아니다. 모 방송 TV 다큐멘터리 프로그램으로 제작되면서 '히든 챔피언=꿈의 기업'으로 사람들의 머릿속에 널리 각인되었다.

히든 챔피언은 기업을 넘어 인재상에도 적용할 수 있는 용어이다. 인간 히든 챔피언은 마치 아이언맨의 토니 스타크처럼 말 그대로 숨겨진 영웅이다. 과감한 혁신을 미리 준비하고 주도하는 인재이며, 리스크를 감수하더라도 집착과 끈기를 가지고 도전하는 사람이라 할 수 있다. 이 숨겨진 영웅은 대기업과 중소기업 어디에든 존재하며 이 능력을 알아보는 이들 앞에서는 초인적인 성과를 발휘한다.

　다양한 해외 연수 프로그램은 늘 혁신을 위한 양질의 재료를 제공한다. 1992년 사내 직업훈련원 강사 자격으로 일본 마쯔다 자동차 연수원으로 단기연수를 가게 되었다. 기술 연구원에서 강사로 직무를 옮기고 나서 처음으로 가는 연수인데다 생애 첫 일본 방문이어서 출발하기 전에 기본적인 일본어 회화 공부가 필요하다고 여겼다. 가장 쉬운 기초 회화 책을 구입해 공부한 다음 일본에 도착했다.

　막상 일본에 도착하니 인사말 한 마디도 입으로 나오지 않았다. 정말 답답했다. 호텔 프런트에 가니 한국어로 해설된 일본어 기초 회화 카드가 있어서 인사를 할 때는 그 카드를 보고 사용하곤 했다.

　마쯔다 연수원에서의 경험은 여러모로 인상적이었다. 먼저 자동차 기술면에서 그 수준이 국내보다 훨씬 앞서 있었고, 엔진 블록이 알루미늄 소재로 되어 있어 놀라웠다. 일본의 자동차 관련 교재도 살펴보았다. 일본어는 기초 과정만 공부했기 때문에 내용을 다 알 수는 없었지만, 그림만으로도 어느 정도 이해가 가도록 잘 만들어져 있었다. 이렇게 머리에 들어오기 쉽게 만들어 놓은 책을 보니 감탄이 절로 나왔다.

특히 자동차 관련 실습용 교보재는 이해하고 익히기 쉽게 되어 있었다. 마쯔다 자동차의 기술력에 감탄한 나는 교보재 관련 정보를 보다 자세히 알아보기 위해 연수기간 내내 시내 서점에 들렀고, 밤마다 책에 둘러싸여 일본의 기술력과 문화를 이해하느라 많은 시간을 보냈다.

한편 그 시절 내가 처음 강사로 근무를 시작할 때만 해도 우리나라의 자동차 직무교육 관련 교보재는 매우 열악한 상태였다. 교보재라 해 봐야 교재, 칠판, OHP(환등기)가 전부였다. 나는 일본 마쯔다 연수원 연수를 통해 받은 인상을 바탕으로 자동차 교보재 개발에 시간을 쏟았다. 자동차 직무교육 시 훈련생들의 이해를 높이기 위해 실제 자동차와 거의 비슷한 교보재를 활용한다면 교육 효과가 더 높아질 것이라는 점에 착안해 새 교보재를 구상했다. 먼저 기본 부품부터 모두 절개해 교육생들이 자동차 내부 구조를 보다 쉽게 보고 이해할 수 있도록 만든 다음 강의에 활용했다. 상상 이상으로 교육 효과가 높았다.

이어서 완제품 엔진, 변속기 등을 절개해 구동되도록 교보재로 만들고 교육에 활용했더니 효과가 만점이었다. 그 밖에도 자동차 조립의 가장 큰 문제점인 토크 문제를 해결하기 위해 부품을 정확히 조립할 수 있게끔 교육하는 볼트 탈·부착 교보재를 만들었다. 누가 강제로 시킨 일도 아닌데, 교육 효과를 높이겠다는 사명감에 지치지 않고 자르고 다듬고 만들며 작지만 강한 혁신을 이루었다.

그로부터 3년 후, 1995년에는 혁신을 향한 집념이 드디어 성과로 바뀌었다. 한국산업인력관리공단이 주최하고 서울신문사가 후원하는「95년도 전국 교육·훈련기관 매체경진대회」에서 기아자동차(주) 이동열·최갑도 조가 출품한 세피아 배전판 모형이 대상을 수상한 것이다. 대회는 한국산업인력관리공단 대강당에서 열렸는데, 이미 각 지방에서 수상한 작품들을 한데 모아 우열을 가리는 전국 규모의 경진대회였다.

전국 교육·훈련기관 매체경진대회는 그야말로 획기적인 변화의 계기를 갖다 주었다. 전국에서 교육·훈련을 담당하는 총 114개 기업 및 직업전문학교 강사들이 출품한 254점의 숱한 모형 발명품을 제치고 우리 팀이 가장 큰 상을 받는 영광을 차지했다. 부상으로는 상금과 해외연수 특전이 주어졌다. 이 작품의 주된 아이디어는 오스트리아 AVL 연수 기간 중에 기술박람회에서 듣고 본 것들을 벤치마킹해서 얻은 것이었는데, 심사위원으로 위촉된 10여

명의 교수님들로부터 창의력이 가장 뛰어나다는 평가까지 얻었다.

얼마 지나지 않아 일간지 신문에는 '기술의 기아자동차'라는 헤드라인과 함께 교보재 대상 수상에 대한 대대적인 보도가 이루어졌다. 이 교보재가 발표되고부터 우리나라의 자동차 교보재에 대변혁이 일어났으며, 전 교육기관에서 이 모델을 모방한 교보재가 대량으로 쏟아져 나와 우리나라 자동차 교육의 일대 전환점이 되었다고 자부한다.

2005년 〈타임즈〉가 선정한 '가장 영향력 있는 100인'이자 비즈니스계의 글로벌 베스트셀러 〈블링크〉, 〈티핑 포인트〉의 저자 말콤 글래드웰은 이렇게 말했다.

"사회의 모든 분야처럼 비즈니스 세계에는 새로운 아이디어에 대한 진한 갈망이 있습니다."

그는 상아탑의 세계에 갇혀 햇빛을 보지 못한 번뜩이는 아이디어가 있다는 것을 늘 긍정했고, 새롭고 훌륭한 아이디어로 비즈니스 세계의 혁신을 주도했다.

이처럼 인간 히든 챔피언은 혁신을 즐기며, 변화를 주도적으로 이끄는 사람이다. 그들은 소수이지만 초점을 정확히 맞추며, 문제에 치밀하게 파고드는 훌륭한 인재로 구성되어 있다. 문제의식과 이를 개선하려는 적극적인 아이디어 개진, 혁신의 태도로 지속적인 성장을 만들어 낼 줄 안다.

지금 당장 인간 히든 챔피언에 도전하자. 작지만 강한 비전을 가진 사람, 창의성을 기반으로 혁신을 만들 수 있는 사람, 그리고 새로운 시장을 적절히 파고들어 세계 최강자의 자리에 오르는 사람이 훌륭한 인재이고, 히든 챔피언의 저력을 가진 인재상이라 할 수 있다. 이러한 인재로 거듭날 때 우리는 언제, 어느 기업에서든 선택받는 사람이 될 것이다.

# 어학은 어획처럼 하라

재능이라 불리는 것은
올바르게 계속된 지독한 노동 이외에 아무것도 아니다.
- 어니스트 헤밍웨이


어려서 많이 배우지 못했고 많이 아는 것이 없기에 무엇을 하든 내게는 늘 도전이었다. 그래서 밑바닥부터 차근차근 배워나가는 법은 이제 머리보다 몸이 먼저 본능적으로 아는 것 같다. 나는 늘 스스로에게 '왜 아는 것이 없지?' 라며 자신을 비하하기보다 '좋아. 난 아는 것이 별로 없으니 뭐든 해 봐야지!'라며 내 수준을 인정하고 의지를 다독이곤 했다.

기아자동차 연구소에서 사내 직업훈련원으로 전출 와서 훈련원 직원들을 만나보니 다들 일본어는 어느 정도 알고 있었고, 훈련생들도 대체로 일본어를 배우고 있었다. 한데 이 많은 사람들 가운데 일본어에 아예 문외한인 이는 나 혼자뿐이었다. 자존심이 상했다.

피하지 말고 도전해 보자는 생각으로 무작정 책을 사서 독학을 시작했다.

예전에 독학으로 영어를 공부해 본 경험이 있었다. 영어를 통째로 암기하고 반복하는 방법으로 공부해서 나중에 영어 설비 매뉴얼까지 번역할 정도가 되었다. 이 경험으로 어학에 자신감이 붙었다. 일본어도 마찬가지로 혼자 한 우물만 파면 될 줄 알았다. 가장 쉬운 책을 골라 단어를 통째로 암기하고 읽기를 반복했다.

하지만 홀로 독학을 하는 것이 쉬울 리가 없었다. 일본어의 경우 우리나라와 같은 한자 문화권이다 보니 영어보다 수월한 점도 많았지만 일본어 한자는 우리나라에서 익힌 한자와 다른 점이 참 많았다. 매일 집중해서 공부를 했지만 진도가 잘 나가지 않았다.

뜻이 있는 자에게 길이 있다더니, 마침 회사에서 일본어 기초 과정 수업을 개설했다. 절호의 기회였다. 나는 얼른 참가 신청서를 제출했다. 그런데 과정에 들어가고 보니 다른 교육생들은 대부분 기초가 있는 상태에서 기초반에 참가한 것인데, 나는 그야말로 기초가 부족했다. 수업 진도를 따라 가는데 어려움이 많았다. 매일 꾸준하게 예습, 복습을 해도 수업을 따라 가는데 한계가 있어서 다시 한 번 기초 과정을 신청해 두 번 수강했다. 그랬더니 처음에 비해 훨씬 수월하게 수업을 받을 수 있었고, 공부에 재미도 붙었다.

1980년대 후반 일본 마쯔다 자동차는 포드와 공동프로젝트를 수행하면서 해외시장에 진출했으며 기술력은 더욱 막강해졌다. 빠른 속도로 발전하는 일본의 선진기술을 따라 잡으려면 한시라도 빨리 일본어를 수준급으로 공부해야 한다는 비전을 갖고 공부에 집중했다.

'앞으로 3년간 일본어를 꾸준히 공부해서 일본 기술책을 독파할 실력을 키우자!'

'어떻게든 일본어를 빨리 배워서 일본 생산 기술과 교육 스킬을 반드시 따라잡자!'

특히 마쯔다 자동차의 일본 내 연수원에 방문해 기술 연수를 받으면서 일본의 자동차 기술에 대해 더욱 강렬한 인상을 받았다. 이는 강력한 동기 유발로 이어졌다. 나는 매일 30분 이상 일본어 공부에 꾸준히 시간을 할애했다.

일본어 기초 과정을 완벽하게 익히고 중급반에 들어갔다. 중급 과정은 사무직 직원을 대상으로 개설된 강좌였고, 나는 생산직이었지만, 아침 일찍 과정에 참가해 하루도 빠짐없이 강의를 들었다.

'생산직이라고 해서 어려운 공부를 못 한다는 법이 어디에 있나? 성실함만 있으면 누구든 목표에 도달할 수 있다. 하루 빨리 어학을 공부하자. 일본 기술책을 술술 읽을 수 있을 만큼 어학 능력을 쌓아 일본의 기술 수준을 반드시 따라잡자!'

배움에는 직군도 직책도 없다. 자격에 구애됨 없이 공부하자.

그런 결심으로 열심히 수업을 들어 드디어 사내 일본어 중급 과정을 이수하게 되었다. 중급 과정은 보통 3개월 과정인데 나는 중급 과정을 3번이나 반복해서 들었다. 이렇게 해서 중급 과정을 더 깊이, 더 완벽하게 익힐 수 있었다고 생각한다. 사내 무료 강의가 아니었다면 누릴 수 없는 혜택일 것이다.

일본어 중급 과정을 모두 마친 후에 고급 과정도 있다는 것을 알게 되었다. 고급 과정은 국제관에서 합숙을 하면서 이루어지는 교육이었다. 중급 과정을 이수한 다음 JPT(Japanese Proficiency Test, 일본어능력시험)를 치루고 그 결과가 500점이 넘어야 국제관 시험을 볼 자격이 주어졌다. 다음 목표는 JPT 500점 이상으로 정했다.

처음에는 230점을 받았고, 그 다음에는 290점, 340점, 370점을 받았다. 500점을 넘기 위해 JPT책 10권을 사서 1권당 10회 이상 셀프 테스트를 해 보고 시험에 응시했더니 450점, 470점에 이어 드디어 530점을 획득하게 되었다. 어느 운동선수의 말대로 도전은 인생을 흥미롭게 만들고, 도전의 극복은 인생을 의미 있게 하는 것이었다.

자격을 갖추자마자 고급 과정 시험을 응시하기 위해 공문을 부서장께 보고했다. 응시 허가가 쉽지 않았다. 우선 업무가 바쁘다는 사실, 훈련원 강사가 부족해서 가뜩이나 업무가 바쁜데 국제관 교육은 3개월이나 된다는 사실이 큰 문제가 되었다.

"응시를 허가할 수 없네."

"부서장님. 제가 국제관에 들어가려는 이유는 개인적인 능력을 키우기 위함이 아닙니다. 하루 빨리 일본어를 배워 한국 자동차 기술의 선진화를 도모하고 기아자동차가 완전한 의미의 한국 자동차 국산화를 선도하는데, 적극적으로 힘을 보태고 싶습니다."

"흠……."

내가 일본어 공부를 열심히 하는 이유를 부서장께 간곡히 전했다. 국제관 입교는 내 운명이 달린 사안이라기보다는 회사와 나라의 명운에 기여할 방법을 모색한 결과였다. 내 진정성을 회사에서 믿어주기를 바랐다.

며칠 후에 부서장님이 아닌 원장님께서 나를 따로 부르셨다. 국제관 건으로 문제가 발생한 것은 아닌가? 나는 잔뜩 긴장한 모습으로 원장님을 대면했다.

"자네 얘기는 부서장에게 들었네. 내가 다른 직원들을 설득했다네. 국제관 입교는 전체 교육팀의 영광이니 다른 사람들이 조금씩 도와서 업무를 원활하게 할 수 있도록 시간을 짜 보도록 하지. 시험에 응시하게나."

"원장님, 정말인가요? 감사합니다. 열심히 해 보겠습니다."

마침내 허가가 떨어졌다. 바쁜 업무 일정에도 불구하고 상사와 동료들의 배려가 있어 시험에 무사히 응시할 수 있었다.

국제관은 어학에 있어 사내 최고 교육 과정이었다. 들어가는 것 자체가 무척 까다로웠다. 일단 응시 자격인 JPT 시험은 530점으로 무사 통과였지만, 원서를 내고 시험을 보러 가니 원어민 강사와의 인터뷰가 있었다. 대체적으로 잘 했지만 긴장한 탓인지 몇 가지 질문에는 조금 버벅댔다. 불안 반, 기대 반으로 합격자 발표를 초조하게 기다렸다.

드디어 발표날이 되었다. 다른 지역에서 강의를 하고 있는데, 도중에 국제관에서 전화가 왔다는 소식을 들었다. 바로 전화해 보니 고급 과정에 합격이 되어 축하한다는 통보였다. 일과 시간에 구애됨 없이 일본어를 마음껏 공부할 수 있다는 생각에 기분이 너무 좋았다.

미국의 경영 컨설컨트 마커스 버킹엄은 말했다.

"인생의 진정한 비극은 우리가 충분한 힘을 갖지 못한 게 아니라 우리가 갖고 있는 힘을 사용하는 데에 실패하는 일에 있다."

어학은 결코 학력을 요구하는 배움이 아니다. 성실과 인내심만 있다면 누구든 성취할 수 있는 능력이다. 우리가 갖고 있는 능력을 사용하는 데에 충분한 노력을 기울이는 한, 우리의 실력은 나날이 향상될 것이다. 어학은 어획처럼 꾸준히 하라. 만선의 꿈을 꾸며 날마다 바다로 향하는 어선들처럼 비전을 가지고 성실하게 하루하루를 이어간다면 어학은 기필코 풍성한 결실을 우리 앞에 내려놓기 마련이다. 이 결실은 가진 자의 몫이 아닌 부족을 이기고 도전하는 자의 몫이다.

# 열정은 배반하지 않는다

스스로 진지하게 목표를 설정한 사람은
그것을 이룰 것이다.

– 벤저민 디즈레일리

많은 남자들이 40세 전후에 마흔 증후군을 앓는다. 나이
가 들수록 남편들은 외로움을 심하게 탄다. 부인들은 마흔을 넘기
면서 여성호르몬의 분비가 줄어들면서 중성화되는 면이 강하지만,
남편들은 거칠었던 성정이 점차 순화되고 소심해진다. 그러다 젊
음과 스펙으로 중무장한 부하 직원에게 자리를 위협받는 상황이라
도 만나면 극심한 심리적 불안감까지 겪기 마련이다. 이렇게 우리
나라에서 중년 남자로 사는 것은 초라함, 혹은 정서적 위기와 끊임
없이 맞서야 하는 일이다. 이렇게 통상 나이 마흔은 '꺾어진' 나이
로 여기기 쉽다.

하지만 나는 마흔 증후군을 배움으로 극복했다. 많은 사람들이

마흔을 공부와 인연이 먼 나이로 생각했지만, 나는 새로운 도전을 즐기는 사람이었다. 열정이라는 감각을 잃지 않기 위해, 호르몬과 노화에 맞서기 위해 나는 젊은 학생들에게도 어렵다는 일본어 고급과정에 도전했다. 물론 나 역시 40세 전후를 기점으로 암기력이 떨어졌고, 어제 외운 것이 오늘 반 이상 기억나지 않았으며, 그나마 외운 절반도 2~3일이 지나면 기억나지 않아 어려운 순간이 많았지만, 나이에 대한 세상의 통념에 기대어 안주하기 싫었다.

일본어 고급과정에 합격해 국제관에 입교하고 보니 현장 출신이 소위 엘리트 직원들만 지원하는 어학 고급과정에 들어온 자체가 충격적인 사건이었다. 입교 인사 명령을 받고, 용인에 위치한 국제관 고급 과정 강의실에 들어갔다. 동기들은 모두 젊은 사람들이었다. 주의사항을 들었다. 국제관 안에서는 3개월간 한국어 사용이 금지되었으며, 매일 테스트와 일본어 발표 등 교육과정이 만만치 않았다. 처음에는 부담이 컸지만 좋은 교육 프로그램들이 많아 더 열정을 가지고 공부에 임하게 되었다.

한편 심상치 않은 분위기도 흐르고 있었다.

'현장 출신 아저씨가 고급 과정을 얼마나 버티는지 보자!'

일부 교육생들의 차가운 시선에서 이런 식의 경계심이 느껴졌다.

참기 힘들었다. 하지만 그 상황을 이기려면 자격지심이나 오기가 아닌 실력이 필요했다. 나는 불가능을 넘어서는 내 안의 힘을 한 번 더 믿어보기로 했다.

'인간 최갑도. 뭐든 할 때마다 회사에서 최초라는 수식어가 붙는 인생이다. 무엇이든 시작하면 끝까지 포기하지 않는 열정이 있으니, 저 정도 편견이야 내가 더 잘 해내면 그만이다!'

지나고 보면 타인의 시선은 순간이다. 더 집중해야 할 부분은 어학 과정 자체다. 고급 과정은 원어민과 프리토킹이 가능할 정도의 상당히 높은 수준을 요구하는 교육 과정이었기 때문에 이 과정을 무사히 마치는 것도 장담할 수 없는 상황이었다.

'방법은 단 하나야. 일본어 공부에 몰입하자!'

결국 나는 최선을 다해 어학 공부에 매진해서 입교 때 성적보다 높은 성과를 올리겠다고 마음 속으로 굳은 다짐을 했다.

"하이. 쇼쇼 오마찌 쿠다사이."

"어? 최갑도 씨 전화 아닌가요?"

"와따꾸시 데쓰까. 아, 아니지. 저 마……맞습니다만."

"야. 아따 깜짝 놀랐다. 일본에 전화건 줄 알았다."

한참 연수원에서 일본어를 공부할 때였다. 친한 친구에게 전화가 걸려 왔는데, 무심코 일본어가 튀어 나올 정도로 일본어만 생각하고 말하고 익혔다. 심지어 꿈에서조차도 일본어로 대화했다. 아침에 일어나서 샤워를 하는 10여분 동안 아는 단어를 전부 동원해서 문장을 만들고 혼자 떠들어댔다.

- 이것은 거울이다.
- 저것은 샴푸이다.
- 오늘은 비가 온다.
- 오늘도 힘내 보자.
- 오늘도 파이팅이다!

이런 단순한 말이라도 쉬지 않고 중얼거렸다.

'지금껏 멀쩡히 일 잘하고 돈까지 벌고 있었는데, 왜 고생길로 스스로 뛰어든 건지…….'

공부에 지칠 때마다 나 자신에게 질문을 던졌다. 그때마다 순간적인 방황들을 잘 넘긴 덕분에 노력이 결실로 무사히 이어지게 된 것 같다.

그러던 어느 날이었다.

하루는 강사님의 강의를 들으며 강사님 말씀을 연습장에 일본어로 받아 적다가 스스로 깜짝 놀란 적이 있었다. 무의식중에 나는 일본어로 작문을 하고 있었다. 연습장에 적은 문장을 나중에 사전에서 찾아보니 문법과 어휘가 모두 맞았다. 예전에 어디선가 읽은 문장을 뇌 속에 기억하고 있다가 한국말 쓰듯 자연스럽게 문장을 결합해 강사님 말씀에 부합하는 문장을 만들어 낸 것이다. 대단치 않은 문장이었지만, 이 일로 일본어 실력이 한걸음 앞서 나아간 기분이 들었다.

자신감이 생기자 스스로에게 몇 가지 약속을 했다.

'좋아. 하루에 잠을 3시간만 자자. 그리고 예습과 복습을 철저히 하자!'

이렇게 마음을 먹고 계획을 세워 실천했다. 밤 12시에 자고 새벽 3시에 일어나 강의실로 갔다. 새벽 공부를 마치고 6시 조회에 참석, 끝나자마자 연수원 운동장 열 바퀴를 뛰고 샤워 후 아침을 먹었다. 오전 수업에 참석하고, 오후 수업까지 끝나도, 야간 수업에 다시 참여해 예습을 했다. 이 지독한 일과를 반복했다. 매일 치르는 테스트를 위해 학습 내용을 세 번씩 반복해서 익혔더니 거의 100점을 받을 수 있었다. 매주 한 번 있는 인터뷰 테스트에서는 내용 전체를 거의 외우다시피 했다.

처음 1주차에는 시간이 정신없이 흘렀다. 2주차부터 조금씩 체계가 잡히기 시작했다. 3~4주차를 지나면서는 재미있게 공부를 할 수 있게 되었다. 듣기 시간에도 내용이 거의 다 들렸고, 원어민 교수와 프리 토킹도 조금씩 자연스러워지기 시작했다. 대화가 자연스러워지자 인터뷰 테스트 점수는 거의 상위권을 차지했다.

특히 에버랜드 야외교육 시간은 대단한 즐거움과 자부심을 심어 주었다. 한국말을 사용하지 않으면서 야외교육과 놀이를 진행하다 보니 주변 사람들의 감탄 섞인 시선을 많이 받았다. 63빌딩 양식당에서 실시한 글로벌 비즈니스 매너 시간도 잊지 못할 추억 가운데 하나가 되었다.

그 결과 나는 현장 출신 최초의 국제관 입교자이자 40대 중년 남자로서 교육생 가운데 가장 높은 성적 향상도를 기록했다. 당시 연수원장으로 근무하신 조형도 상무님께서는 눈물겹게 노력하는 내 모습을 보시고, 수료 이후 현장 교육부장을 시키려는 생각으로 사내 강사 과정을 많이 이수하도록 조처를 취해 주셨다. 그때 일본어 강사는 나에게 '현장에 핀 장미꽃'이라는 별명을 지어 주기도 했다.

수료식이 다가올 때 즈음에는 하루 세 시간씩 자는 것이 완전히 습관이 되었다. 수료식을 위해 열띤 준비를 해 나갔다. 수료식에서는 자기 분야에 대한 주제를 가지고 일본어로 프리젠테이션을 하는 시간이 주어졌다. 무사히 수료식을 마치고 회사로 복귀하니 국제관에 들어가기 전과는 전혀 다른 모습의 내가 세상에 서 있었다. 얼마 동안은 한국말이 오히려 더 서툴 지경이었고, 일본어로 생각하고 대화하는 것이 더 편했다. 마흔 증후군은 온데간데없고 매사에 자신감이 넘쳤다.

이렇게 어학을 통해 자신감이 붙다 보니 마음속에 자그마한 꿈 하나가 생겨났다. 공부 그 자체에 대한 열망이었다. 처음에는 직원들이 다 일본어를 사용해서 경쟁에 뒤처지지 않으려고 공부를 시작했다. 하지만 노력한 만큼 실력이 늘자 어느덧 배움 자체가 소중하고 즐거운 경험이 되었다.

돌이켜 보면 일본어에 매진한 2년 6개월은 내게 있어 최고로 편안하고 의미 있는 시간이었다. 특히 국제관에서 합숙하며 공부했던 순간은 마치 중학교 학창시절로 되돌아간 느낌을 주었다. 평생 교복을 입고 학교에 가고 싶었던 내게 일본어는 꿈을 이루어지게 만들어준 마법의 도구였으며, 내 마음속에 잠재되어 있던 공부에 대한 열정에 불을 붙여준 불꽃이었다.

배움의 결핍과 좌절, 이를 채우고자 하는 강한 열망이 결국 내가 일본어 공부를 잘 할 수 있게 한 비결이었다. 그 경험으로 나는 노력과 열정이 절대로 사람을 배신하지 않는다는 것을 알게 되었다.

배운 일본어로 어떻게 회사에 보답할까?

그 이후 나는 국제관에서 쌓은 일본어 실력을 회사의 업무에 어떻게 접목할 수 있을까를 꾸준히 고민하고 있다. 실례로 오토 미션 개발 방향을 설정할 때 일본어와 기술 양쪽의 전문가로서 실력 발휘를 하기도 했다. 그 당시 일본의 오토 전문가와 기아의 김재만 연구소장, 연구원, 관련 협력사 사장단을 모시고 기술 세미나를 진행했는데, 전문 통역인의 통역이 정확히 전달되지 않아 일시적인 소통의 장애가 있었다. 이때 내가 나서서 일본인 전문가에게 직접 질문을 했고, 그가 내 질문이 '핵심을 찌르는 정확한 질문'이라고 평해 연구소장 및 사장단으로부터 많은 칭찬을 받았다.

또 한 번은 과장 시절 일본 우수기업 자동화기술 벤치마킹 연구가 있었는데, 일본어 실력을 인정받아 자동화의 대가이셨던 신도철 공장장님으로부터 연수단 단장으로 다녀오라는 명을 받았다. 책임이 무거웠다. 일본 현지까지 연수단을 무사히 인솔하고 지도해 기아차 연수 사상 가장 큰 성과를 냈다는 평가를 받았다.

"이 내용을 전 사원들에게 교육시켜라!"

당시 윤국진 대표이사의 지시를 받고 교재로 만들어 전달 교육을 실시했다. 이 일을 계기로 공장자동화기술 일본 교재도 번역 중에 있는데, 퇴직 전에는 꼭 번역을 마칠 계획이다. 이러한 성과들은 날마다 꾸준히 일본어 학습을 이어온 결과가 좋은 기회를 만나 연결된 케이스라 생각하고 싶다.

내 주변에는 미래를 걱정하는 동료들이 많다.

"미래를 위해 뭔가 배워야 하는데……. 나는 왜 이러고 있을까?"

막연하게나마 공부에 미련을 가진 사람들을 만날 때마다 나는 그들의 아픔과 고민을 내 일처럼 생각하고 권한다. 그런데 내가 늦지 않았다고 그들을 독려하면 대체로 십중팔구는 이런 대답이 돌아온다.

"아니야. 술이나 마시자. 이 나이에 무슨 공부를 하겠나? 이미 늦었어. 자식들 교육비 벌고 뒷바라지 열심히 하는 게 우리 인생이지."

배움을 원하지만 녹록치 않은 현실에 한숨 쉬는 중년들에게 나는 뭐라도 하나 도움을 주고 싶은 마음에 가능한 내 경험을 자세히 들려준다.

"포기하지 말게. 마흔, 오십에도 할 수 있어. 나 같은 사람도 했지 않나?"

중학교 검정고시부터 늦깎이 공부를 시작한 평범한 만학도의 경험담은 상당히 영향력 있는 동기 부여 수단이 되는 모양이다. 이런 과정을 거쳐 늦은 나이에 어학 공부, 자격증 취득, 기술대학과 방송통신대학 입학, 현장직원이면서도 대학원 석박사 과정까지 도전하는 멋쟁이들이 몇 있다. 우리는 이따금 모여 서로를 격려하고 지지하면서 도전의식과 열정을 무한 재충전한다. 내가 나이를 잊는 비결이다.

전 미국 대통령 캘빈 쿨리지는 말했다.

'이 세상에서 끈기보다 나은 것은 아무 것도 없다'고 말이다.

재능은 더 나을 것이 없다. 역사에는 재능을 가지고도 실패한 예술가와 정치가, 학자, 기업인들이 우글거린다. 천재도 대수롭지 않다. '오해된 천재'라는 말처럼 천재는 타고나는 것이 아니며, 99%

의 노력에 의해 만들어진다. 물론 교육도 능사가 아니다. 잘 교육 받은, 화려한 스펙의 실패자들이 도처에 깔려 있다. 목표를 향해 나아가는 끈기와 열정만이 우리 인생을 성취로 이끈다. 늘 기억하고 믿어라. 열정은 결코 우리를 배신하지 않는다.

# 회사의 어둠을 밝혀라

나는 예견할 수 없다.
그러나 무엇인가의 기초를 놓을 수는 있다.
왜냐하면 미래는 건설해 나가는 것이기 때문이다.
- 앙투안 드 생텍쥐페리

강사 길에 처음 들어섰을 때 회사에서 사무직으로 전직하라는 통보가 왔다. 훈련원 직업훈련 강사들은 무조건 전직을 해야 한다며 전직이 싫으면 공장으로 돌아가라고 했다. 강사를 계속 하려면 사무직군으로 옮겨야 한다는데, 문제는 전직을 하면 월급이 약 20퍼센트 이상 줄어들고 사무직군의 인사 고과 평가도 받아야 하고 어학 평가도 받아야 하는 등 여러 가지 어려움이 있었다. 그래서 강사 가운데 80% 이상은 현장으로 복귀하는 분위기였다.

나는 훈련원에서 자동차 구조학과 자동차 정비 강의를 담당하고 있었다. 전직하기에는 나이가 많고 처우와 인사상의 불리함이 있지만 강사 일이 적성에 잘 맞았고, 어릴 때 꿈이었기에 과감하게 결단을 내렸다. 월급에 관계없이 원하는 길을 택하라는 아내의 전폭적인 지지가 큰 힘이 되었다. 원래 생산직에서 사무직으로 옮기려면 전직자 교육을 3개월 정도 받아야 하는데, 사내 강의 일정이 바빠서 나는 2주 교육만 받고 훈련원으로 돌아와 지금까지 교육 업무를 잘 이어오고 있다.

1990년대 중반 이후 대내외 경제 상황이 어려워지면서 회사의 경영 상태가 좋지 않다는 정보가 계속 들려오기 시작했다. 주간에만 교육을 진행하고 야간 교육은 예산문제로 대부분 축소시켰다. 분위기가 점점 나빠지더니 이윽고 부서마다 긴축예산을 편성해 사업계획을 다시 올리라는 청천벽력 같은 지시가 떨어졌다.

교육 부서에서 예산을 줄이는 방법에는 무엇이 있을까? 살펴보니 외부 강사료를 줄이는 방법 외에는 특별히 줄일 수 있는 항목이 없었다. 그 결과 우리는 회의를 통해 외부 강사료가 가장 많이 책정되어 있는 일본어 강사료를 줄이기로 결론을 내렸다. 이에 따라 그 강의를 사내강사가 맡아서 진행하기로 결정이 되었다. 외부강사 3명 중에 2명은 계속 강의를 하기로 하고, 1명이 해오던 강의를 이민영 과장과 나 둘이 나누어서 맡기로 했다. 부끄러운 자화자찬이지만 보통 1개 과정이 6개월 동안 진행되는데, 과정이 끝나고 각 반마다 일본어 평가를 해 보니 내가 지도한 반이 가장 높은 성적을 거두었다.

다음 기수에는 2개의 반을 맡아서 가르쳤다. 결과는 역시 가장 좋았다. 결과적으로 외부강사는 1명만 쓰게 되어 예산 절감에 커다란 도움이 되었다.

이렇게 해서 일본어 강의를 약 4년간 하게 되었다. 교육생 한명 한명을 개인별로 관리하는 쪽에 특별히 신경을 썼다. 개인 능력별로 듣기, 읽기, 말하기, 쓰기 과제를 따로 내어주고 꼼꼼히 체크해 나갔다. 이런 식으로 매시간 관리를 해 나갔더니 교육생들 실력이 눈에 띄게 향상되었다. 개별 과제도 개인 능력별로 다르게 내 주어서 공부에 흥미를 놓지 않으면서도 실력을 꾸준히 키우게끔 했다.

한편 한 가지 큰 득을 본 것이라면 연수원 학생들에게 가르치던 방식을 둘째 아들에게도 똑같이 적용해 아들이 학교에서 배우는 제2외국어 일본어 시험에서 만점을 받을 수 있도록 가르친 점이다. 아들에게 재미있게 가르친다는 이야기도 들었다.

어느 날은 아들이 일본어 시험에서 100점을 받자 담당 선생님이 아들에게 물었단다.

"어느 일본어 학원에서 배웠니?"

"저는 학원에 다니지 않아요."

"그래? 그럼 어떻게 공부를 한 거냐?"

"아버지께서 가르쳐 주셨습니다."

"아버지가 무슨 일을 하시기에 일본어를 가르쳐 주시느냐?"

"기아자동차 교육팀에서 강의를 하십니다."

"자동차 교육팀에서 일본어도 가르치시니?"

"네. 선생님."

"그래? 대단하신 아버님이시구나!"

아들은 선생님의 반응을 전하면서 내게 "아버지, 존경합니다."라고 넙죽 절을 했다. 내 아이에게 존경한다는 말을 들으니 어느 때보다 기분이 좋았다.


1996년에는 용인 연수원에서 BLP(인생설계) 강사 과정 교육을 받았다. 열정이 넘치는 나머지 저녁 일과 후에는 자발적으로 시연까지 했다. 교육을 다 마치고나서 일반직 대리를 대상으로 한 BLP 과정 강의를 담당했다. 이 과정은 개인의 비전을 세우고 실천하기 위한 과정이어서 교육 이후 상당한 보람을 느낄 수 있었다. 나는 이렇게 좋은 프로그램을 현장 후배들에게도 적용해 보자는 뜻을 가지고 40세 과정 프로그램으로 만들었다. 마흔, 불혹의 나이에 자신의 현재를 돌아보고 미래를 향한 나침반을 만들어 남아 있는 삶을 살아가는데 멋진 이정표로 쓸 수 있기를 바랐다.

그 즈음 IMF 구제금융사건으로 기아 그룹의 22개 계열사들이 대부분 청산, 합병, 법정관리, 화의신청 등 역사 속으로 사라지게 된 위기가 찾아왔다. 이듬해 정리해고 강풍이 불면서 훈련원 직원 43명 가운데 18명만 회사에 남았다. 같은 해 4월, 기아자동차는 사실상 회사 정리 절차를 마쳤다.

같은 해 기아의 봄은 혹독한 시련의 시간이었다. 직원이 삼분의 일로 확 줄었으니 회사는 망해 가는데, 일은 더 많았다. 낮에는 강의하고 밤에는 행정 업무까지 했다. 노조가 회사의 구조조정에 반대해 공장 문을 걸어 잠그는 '옥쇄 파업'이 일어났다.

전 공장에 불이 꺼져 분위기가 을씨년스러운데, 오직 사내 교육 기관 건물에만 불이 켜져 있었다. 일은 잠시 내려놓더라도 배움은 이어가야 한다는 기아자동차 직원들의 간절한 열망이 있었기 때문이다.

그 당시 사내 현장 사원 교육프로그램으로 기아기술대학 과정이 진행되고 있었는데, 불이 꺼지지 않는 기술대학 건물은 어떠한 위기에도 삶을 포기하지 않을 직원들의 마음 같았다. 이 배움의 의지가 기아자동차에 드리운 어둠을 밝히고 있었다.

"저는 기아에서 매일 밤 희망의 불빛을 보았습니다. 이토록 어려운 시기에 공부를 이어가다니 여러분은 정말 대단한 사람들입니다."

시간이 흐르고 기술대학 졸업식이 돌아왔을 때, 사장님께서 남기신 말씀이다.

그해 졸업식은 그 자체로 가슴 뭉클한 사건이었다. 아무리 회사

상황이 어려워도 훈련원 강사들이 기술대학 문을 걸어 잠그지 않았기에 졸업식이 가능할 수 있었다. 부모와 부인, 아이 삼대가 함께 어우러진 아름다운 졸업식 광경이었다.

1998년 국제 입찰을 통해 현대 그룹에 기아자동차가 편입되었고, 후에 현대자동차와 기아자동차는 대한민국 30대 대규모 기업 집단 중 재계서열 5위인 현대자동차그룹에 속하게 되었다. 이를 계기로 각 직종 간부급들은 마북리 연수원에서 1년간 현대자동차 그룹 문화에 대한 강좌를 자체 교수님들로부터 교육받았다. 나머지 직원들은 1차 교육을 받은 간부들이 전달 교육을 하는 것으로 결정이 되어 있었다.

하지만 내가 보기에 고작 2박 3일 그룹 문화 교육을 받은 간부 사원이 부하에게 전달 교육까지 하는 것은 상당히 무리라는 생각이 들었다. 그 결과 간부급 사원 중에 사내 강사 요원을 양성하고 각 shop별로 교육을 하는 것으로 결정했다. 간부사원 33명이 강사 과정을 수료했다. 교육 마지막 날 예비강사들은 차례로 시범강의를 선보였다. 평가 결과 놀랍게도 내가 최우수 강사로 선정되었다. 그런 연유로 해서 나는 현대자동차 그룹 강의를 오랫동안 맡아 진행했고, 그 교육이 시너지 효과를 발휘해 높은 성과로 이어졌다.

2011년에 현대자동차그룹이 새로운 경영이념을 제시하면서 사내강사 과정을 다시 밟을 때에도 나는 최우수 강사상을 받았다. 그해 핵심가치 전 사원 교육 강의를 맡아서 지금까지 그 강의를 진행하고 있다.

공장 가동의 필수 교육인 공장자동화 교육 과정도 개설되었다. 공장의 설비가 대부분 자동화 기계로 바뀌면서, 처음으로 자동화 교육을 받고 강의를 하게 되었다. 회사 상황이 상황인지라 통합 후 성과의 문제로 추가 개설은 허가가 되지 않는 분위기였는데, 수십 차례 본사에 올라가 품의를 얻었고 그 결과 자동화 교육 과정을 추진했다. 과거 훈련 시설을 철거하고 시설과 설비를 재정비해 약 3개월 만에 초고속으로 자동화 기본 교육 과정 네 개를 개설했고, 그 후 지속적으로 개설해 지금은 17개 과정이 성황리에 운영되고 있다.

어느 정치가가 말했다.

"전쟁에 돌입하지 않고 벼랑 끝까지 가는 능력은 필요한 기술이다. 그런 상황으로부터 달아나려고 하거나 벼랑 끝까지 가기를 두려워한다면 당신은 패배하고 말 것이다."

바라는 일만큼 바라지 않는 일이 일어나는 것이 인생이다.

경제 위기는 전국민의 아픔이자 시대의 눈물이요, 예고 없이 찾아온 불청객이었다. 하지만 그 끝을 가늠하기 힘든 어둠 속에서 우리는 물러서지 않는 법을 배웠다. 최후의 등불처럼 켜진 '희망'이란 단어에 의지해 새로운 생각과 가능성을 당당하게 찾아 나섰다. 굴하지 않는 정신으로 회사의 어둠을 밝혀라. 깨어 있는 꿈이야말로 가장 질긴 희망이다. 그 희망이 있는 한 우리는 얼마든지 위기를 이기고 더 힘차게 나아갈 수 있다.

# 긍정을 연습하다

성공이란 열정을 잃지 않고
실패로부터 출발하는 것이다.
– 윈스턴 처칠

돌아보니 24년이다. 중학교 중퇴의 학력으로 사회에 무모한 첫 발을 내딛은 나는 지금으로부터 삼십여 년 전 기아자동차연구소 생산직 직원으로 입사해 우여곡절 끝에 사내 직업훈련원 강사가 되었고, 그 후로 무려 24년간 기업교육 전문가로 활동하고 있다.

지금은 수만 명의 사원을 대상으로 생산 현장에서 필요한 직무 내용뿐만 아니라 인성 교육, 더 나아가서 인생을 설계하는 방법까지 여러 과목을 강의한다. 근래에 회사로부터 교육성과를 인정받아 최우수 강사상을 받았고 유수의 대기업과 교육 현장으로부터 강의 요청이 들어오는 등 이제는 어엿한 전문 강사로 살아가고 있지만, 어려운 집안환경과 생산직 직원이라는 편견을 넘어 꿈을 이루어낸 지금에도 내게는 여전히 고민거리가 많다.

'내가 과연 남 앞에 서서 강의할 수 있는 인품과 실력을 갖추었을까?'

스스로 돌아보고 살펴보면 아직도 가야할 길이 멀다. 교육생들은 높은 학력과 디지털 문명의 영향으로 날이 갈수록 똑똑해지고 있어서 강의 준비에 더 많은 시간과 열정을 투자해야 한다. 오랜 준비를 마치고 강의 요청을 받아 강단에 오르기 직전의 그 목이 타들어가는 긴장과 설렘, 그 강렬한 느낌은 해가 갈수록 더 크고 깊어지고 있다.

오늘의 수강 대상은 누구이며, 무엇을 얻고자 하는 사람들일까? 어떤 시간을 보내다 이 자리에 앉았을까? 무슨 이야기로 말문을 열어야 더 효과적일까? 강의 때마다 이런 숱한 고민들을 끌어안고 강의실로 간다.


강사의 길은 겉으로 쉬워 보이고, 한번 준비하면 그 다음에는 어려움 없이 해낼 수 있는 일이라고 생각하기 쉽지만 사실은 끊임없는 단련이 필요한 고된 길이다. 강사활동이란 천금을 버는 일도 아니고, 누군가 나를 위대한 인물로 평가하고 존경과 흠모의 정을 보내오는 일도 아니다. 오로지 자기만족으로 일에서 보람을 찾아야 하는 만큼 고달프고 외로운 길이다.

그런데 왜 이 길을 택했을까? 일단 강의를 끝내고 나면 감사와 희열이 넘친다. 가르치고 배우는 일에는 많은 가치와 보람이 살아 숨쉬기 때문이다. 나는 오랫동안 교육 분야에서 활동하면서 크고 위대한 가치들을 발견했고, 배우고 얻은 만큼 교육생들에게 베풀고 나누면서 보람과 행복을 느꼈다.

내가 배우고 얻은 것은 인간과 삶의 소중함이요, 깨우치고, 널리 베풀고 나누고자 한 것은 사랑과 긍정의 힘이었다. 비록 그 크기는 만족할 만한 것이 아닐지라도 나는 강의 과정에서 사람의 참모습을 발견했고, 진정한 삶을 배우고 얻는 데에 큰 도움을 받았다. 또 강의 자체보다 교육생들과 정을 나누면서 보다 많은 것을 얻었다.

미국의 긍정 심리학자 마틴 셀리그만은 무기력에 빠져 활동을 하지 않는 개에게 흥미로운 실험을 했다. 그는 우울하고 무기력한 개도 긍정적인 경험을 반복하면 다시 자신감을 회복한다는 사실을 입증하려고 했다.

그는 실험을 위해 전기가 흐르도록 설계한 바닥 위에 개를 단단히 묶어둔 다음 전기가 흘러도 도망가지 못하도록 만들었다. 바닥에 수차례 전기를 흘려보내자 처음에는 펄쩍펄쩍 날뛰던 개가 마침내 전기가 흐르는 데도 피할 생각을 하지 않았다. 더 이상 자기 힘으로는 전기를 피할 수 없다고 판단한 것이다. 그러자 개는 전기가 흐르는 바닥에 엎드려 가만히 있을 만큼 무기력하게 되었다. 개는 어떤 저항도 하지 않을 정도로 한없이 무기력해졌다.

그런 다음 이번에는 마찬가지로 실험실 바닥에 전기가 흐르는 상태에서 우울하고 무기력한 개를 전기가 흐르지 않는 옆방으로 목줄을 당겨 움직여 주었다. 그렇게 누군가 목줄을 당겨 옮겨주는 경험을 수차례 반복하자 어느 날부터 개는 전기 고통을 피해 스스로 안전한 방으로 뛰어 들어가는 모습을 보였다. 이는 '성공 경험을 반복하면 자신감이 회복되며 무기력을 극복할 수 있다.'는 것을 보여주는 실험 사례다.

사람은 아주 사소한 일이라도 성공의 경험을 조금씩 늘려가야 한다. 만약 과거에 부정적인 경험으로 '내가 많이 배우지 못해서', '집안 형편이 좋지 않아서', '외모가 볼품이 없어서', '몸이 건강하지 않아서' 라며 스스로 정한 기준으로 세상과 자신을 구분하고 살았다면 작은 성공 경험을 통해 자신감을 다시 높일 수 있다.

강사로 활동하면서 나는 자신감이 높아졌다. 학력에, 스펙에 전전긍긍하는 내 모습에서 벗어나 회사에 능력과 성과를 인정받는 강사로서의 내 모습에 자부심을 갖게 된 것이다. 이렇게 쌓인 성공 경험으로 나는 구체적인 목표와 비전을 갖게 되었고 어린 시절 내

내 내 자신을 무겁게 짓누르던 못난 자신으로부터 완전히 벗어날 수 있었다.

오스트리아의 심리학자 테오도르 레이크는 이런 말을 남겼다.

"일과 사랑, 이것은 기본이다. 이것이 없으면 신경쇠약에 걸린다."

나는 일을 통해 자신감과 긍정 마인드를 회복했다. 맡은 업무에 능숙해지면서 사는 재미, 일하는 재미가 붙기 시작했다.

태어날 때부터 피동적이고 비판적인 사람은 없다. 마틴 셀리그만의 실험에서 드러난 사실처럼 무기력과 우울은 학습되는 것이다. 사람은 누구나 학습의 능력을 가지고 태어나기 때문에 새로운 기준을 배우고 새로운 경험을 경험하는 순간, 바뀐 생각으로 자신과 세상을 바라보는 능력을 키워가게 된다.

행복이란 갑자기 주어지는 것이 아니다. 우연한 기회로 얻을 수 있는 결실도 아니다. 어려움을 피하지 않고 맞서 부딪치는 순간 우리는 즐거움과 보람을 더 격하게 느낄 수 있다. 다시 말해 행복은 노력의 산물이다.

노력에는 땀 흘리는 시간이 필요하다. 그래서 흔히 사람들은 노력을 고통스러운 과정으로 본다. 하지만 노력은 피곤과 짜증을 불러일으킨다 하더라도 언제나 유익한 경험이다. 궁극적인 행복을 위해 좀 더 어렵고, 좀 더 불가능하고, 좀 더 위험한 목표를 달성하고자 하는 것은 사람의 기본적인 욕구이다. 작은 성공을 연습하라.

노력과 성취의 경험을 하나씩 늘려라. 노력의 즐거움과 보상을 아는 사람 앞에 더 나은 미래가 기다린다.

사람이 뭔가를 잘할 줄 안다면,
무언가 새로운 것을 배울 때가 된 것이다.

- 최갑도

# 4장 · 동행
## 배움은 함께 가는 것이다

# 위대한 멘토를 가까이하라

동기부여는 언제나 단순한 재능을 이긴다.
- 노먼 어거스틴

    역사상 뛰어난 리더들은 위대한 사람들로부터 도움을 얻고, 그들을 멘토(Mentor)로 삼았으며, 배움과 격려와 지지를 구해 이를 성공의 발판으로 만들었다. 여기서 멘토란 현명하고 지혜로운 상담 상대, 지도자, 스승을 의미하는 단어로 최근에는 TV 프로그램에서도 자주 소개되어 대중들 사이에서 널리 쓰이는 말이다.

    나 역시 멀리는 책과 강의로, 가까이는 주변에서 정말 많은 분들의 도움을 입고 그분들을 멘토로 여기며 살았다. 멘토들의 애틋한 관심, 보살핌과 배려, 격려와 사랑이 없었다면 이만큼 내 자리에서 역량을 발휘하지 못했을 것이다.

    현대그룹의 창업자 정주영 회장의 어린 시절 소망은 가난에서 벗어나 부자가 되는 것이었다. 부자가 되겠다는 간절한 소망으로 아버지가 끔찍이 아끼던 소를 팔았고 네 번이나 가출을 했다. 그는 부두 잡역부, 배달원, 심부름꾼 일을 하다가 자동차 수리 사업을 시작, 가난한 소작농 생활에서 벗어나 우리나라 경제의 거인으로 우뚝 섰다. 정주영 회장님은 '가난해도 꿈을 이룰 수 있다'는 사실을 일깨워 준 상징과도 같은 멘토이다.

내 어린 시절도 그랬다. 가난에서 벗어나 배곯지 않는 것이 꿈이라면 꿈이었다. 열네 살에 학교를 중퇴하고 분식집, 요정에서 돈을 벌었다. 하지만 누군가 "너는 꿈이 무어냐?"고 물으면 꼭 "선생님이 될 거예요."라고 말했다. 선생님은 나에게 있어 가장 위대한 사람이었고, 모르는 것이 없는 존재 같았다. 그 영향으로 나는 가난한 심부름꾼에서 현대자동차 그룹의 사내강사이자 교육 전문가가 되었다.

강사의 길에서 만난 멘토로 이명노 박사님이 있다. 새내기 직무기술 사내강사로 재직하고 있을 당시 이 선생님의 바람직한 인간관계 향상을 위한 프로그램을 접했고, 이런 교육이 산업 현장에서 꼭 필요한 교육이라는 느낌을 받았다. 선생님은 주로 커뮤니케이션, 변화관리 리더십, 행복과 성공을 주제로 이야기를 해 주셨는데 인문학을 체계적으로 익히지 못한 기술 담당자로서 인성교육을 받는 데에 어려움이 많았다.

한번은 선생님 질문에 엉뚱한 대답을 해서 쩔쩔 매고 있었는데, 선생님은 무안을 주시기는커녕 오히려 인정하고 격려해 주셨다. 나는 속으로 '이야. 저렇게 훌륭한 선생님도 계시는구나.' 하고 감탄했다.

그렇게 이명노 박사님을 멘토로 여긴지 벌써 20년이 되었다. 2012년 12월 마지막 주에 선생님과 함께 3일간 워크숍을 다시 한번 했다. 그때도 좋은 말씀을 많이 해 주셨는데, 그 중에 특히 '시공을 초월한 위대한 멘토, 평강공주 이야기'를 접하고 그 내용에 깊은 인상을 받았다. 멘토에 대한 이야기이기도 해서 글로 소개할까 한다.


고구려 25대 평원왕 시대에 있었던 일이다.

그 당시 고구려는 안팎으로 불안한 정국이었다. 밖으로는 당나라와 신라, 백제의 도전이 만만치가 않았고, 안으로는 왕권이 약해진 틈을 타 고구려 정치 세력을 구성하는 5부족 가운데 하나인 계루부가 은밀한 공격을 펼치고 있었다. 이러한 난국을 헤쳐 나갈 방안은 결국 인재뿐이었다.

평강공주는 드디어 결심을 하고 온달과 결혼하기로 했다. 고구려에서 바보의 대명사로 불리는 온달이 훌륭한 장군이 될 수 있다면, 백성들 모두가 자신감을 되찾고 함께 대내외적인 어려움을 이

겨나갈 수 있을 것이라고 생각했다. 한 사람에게 얼마나 큰 가능성이 숨겨져 있는지를 고구려 백성들 모두에게 가르쳐주고 싶었다.

어린 시절부터 아버지에게 "바보 온달과 결혼을 시키겠다."는 협박 아닌 협박을 들으면서 자란 평강공주가 아니던가? 그동안 마음의 준비도 모두 마친 참이었다. 사람을 시켜 조사해 보았더니 온달은 심성이 착하고 정직하며 신체적으로도 매우 건강하다 했다. 또 앞을 못 보는 늙은 홀어머니를 지극한 정성으로 모시는 효심 깊은 청년이었다.

어느 날 밤, 평강공주는 필요한 만큼 금은보화를 챙긴 다음 최고의 명마 천리마를 타고 서둘러 궁을 나섰다. 어둠을 헤치며 온달의 집에 도착하니, 온달은 온데간데없고 어머니 홀로 계셨다. 공주는 온달이 쇠락한 고구려 순노부의 귀족 출신이라는 사실을 온달의 모친에게 우연히 듣게 되었다. 그리하여 어머니를 설득, 온달을 고구려 최고의 인재로 키우기로 뜻을 모은다. 평강공주는 다른 무엇보다도 온달의 무의식에 있는 인생 계획, 즉 인생 각본을 바꿔야 한다고 생각한다.

사람은 자신이 얼마나 위대한 가능성을 가지고 있는지 스스로 믿는 대로 이루어진다. 온달은 자신이 바보라는 각본을 가지고 있었기에 지금껏 바보로 살아왔다. 바보 온달이 훌륭한 장군으로 거듭나기 위해서는 무엇보다 먼저 자신이 훌륭한 장군이 될 수 있다는 새로운 인생 각본을 가져야 한다. 그렇게 하기 위해 공주는 온달에게 칭찬과 격려를 끊임없이 계속할 필요가 있었다.

평강공주가 온달에게 말했다.

"온달님은 착하고 정직하고 효자예요. 노력하시면 훌륭한 장군이 되실 겁니다."

"공주님, 저는 그런 사람이 아니에요. 저는 바보 온달이지요. 훌륭한 장군은 될 수 없어요."

온달이 고개를 가로저어도 공주는 개의치 않고 온달에게 아낌없는 칭찬과 격려를 보냈다.

온달의 외부 환경도 바꾸었다. 동네 아이들 가운데 온달이 지나가면 온달을 바보라고 놀리거나 심지어 침을 뱉고 돌을 던지는 녀석들이 있었다. 공주는 아이들에게 "앞으로 온달에게 장군님이라고 부르면 그럴 때마다 떡을 주겠다."며 회유했다. 다들 먹고 살기 힘든 때라 굶는 날도 많은 시기였다. 아이들은 떡을 먹으려고 신이 나서 "온달장군님"을 외쳤다.

처음에 온달은 그 말이 너무 듣기 거북하고 어색했다. 하지만 시간이 지날수록 자기가 정말로 훌륭한 장군이 될 수 있을지도 모른다는 생각을 했다. 온달은 지금까지와는 전혀 다른 생각을 하고 있었다.

'공주는 내가 훌륭한 장군이 될 수 있다고 했다. 옳지! 맞다! 나

는 훌륭한 장군이 될 수 있다. 꼭 훌륭한 장군이 되고 말겠어.'

온달의 인생 각본이 달라졌다. 바보 온달이 장군 온달로 바뀌는 시점이었다.

인생 각본이 달라진 온달은 공주에게 도와주기를 요청했다. 먼저 책을 구해달라고 했다. 장군이 되기 위해서는 글을 읽을 줄 알아야 했다. 책을 많이 읽어야 하는데, 특히 병서에 통달해야 하기 때문이었다. 평강공주는 기쁜 마음으로 온달에게 필요한 책을 구해주었다. 이때 중요한 것은 공주가 자기본의대로 책을 구해 와서 온달에게 강제로 읽힌 것이 아니라는 사실이다. 온달 스스로가 글을 깨우치겠다는 의지로 책을 구해 읽었다는 사실이 중요하다.

두 번째로 말을 구해달라고 했다. 공주는 일전에 자신이 타고 나온 천리마를 떠올리며 온달에게 말한다. 장에 가서 최근에 궁에서 나온 흰 말 가운데 다 죽어가는 말이 있으면 싸게 사오라고 말이다. 그 말은 공주가 버린 천리마였고, 온달이 평생을 타고 다니며 전쟁터를 누빈 명마였다.

세 번째로 온달은 공주에게 칼과 활, 창을 사주기를 청하고 그것으로 열심히 검술, 궁술, 창술을 연마했다. 훌륭한 장군이라는 비전을 가지게 되니 장군이 되기 위한 방법을 연구한 것이다. 이를 열정적으로 실천해 온달은 장군 온달이 될 수 있었다.

이렇게 공주의 칭찬이 온달로 하여금 자신감을 되찾게 하고 인생 각본을 바꿀 수 있도록 했으며, 노력하면 장군이 될 수 있다는 격려가 온달로 하여금 훌륭한 장군이라는 원대한 비전을 가지게 했다. 온달을 향한 평강공주의 무한 신뢰와 지지는 고구려 최고의 바보 온달이 가장 훌륭한 장군으로 성장하게 한 원동력이었다.

바보 온달은 평강공주의 도움으로 '스스로' 장군 온달이 되었다. 이런 의미에서 평강공주는 시공을 초월하는 최고의 서번트 리더(Servant Leader)이자 최고의 멘토였다.

수많은 리더들이 일등 인재를 뽑아 이등 인재로 활용하고 결국 바보로 만들어서 조직에서 퇴출시킨다고 한다. 이는 인간의 잠재된 무한한 가능성은 보지 않고 겉으로 보이는 역량에만 치중해 보는 까닭이다. 이러한 현실에서 지금 우리에게 평강공주와 같은 진정한 멘토는 그 어느 때보다 절실하다고 하겠다.


평강공주의 인재육성 방법을 정리하면 다음과 같다.

첫 번째는 사람의 잠재역량에 대한 무한한 믿음을 주어야 한다. 그 나라에서 가장 바보라 불리던 온달일지라도 '앞으로는 잘 할 수 있을 것'이라고 믿어주는 긍정적인 태도가 필요하다.

두 번째는 인간의 무한한 가능성에 대한 믿음에 더해 적극적인 칭찬과 격려를 아끼지 않아야 한다. 작은 것도 놓치지 않고 적극적으로 칭찬하며 잘못하고 힘들어 할 때는 알고도 모르는 척하고 오히려 잘 할 수 있도록 격려하는 태도가 필요하다.

세 번째는 과정이 쉽지 않더라도 포기하지 말아야 한다. 필요한 지원을 계속하며 인내심 있게 끝까지 기다려주는 태도가 필요하다.

칭찬과 격려는 모든 멘토들이 갖추어야 할 최고의 덕목이다. 칭찬이란 동료나 직원들이 잘 했을 때 잘 했음을 알아주는 것이고, 격려는 그들이 못했을 때 앞으로 잘 할 수 있을 것이라고 지지해주는 것이다. 칭찬도 중요하지만 격려는 더 중요하다. 어려울 때 믿어준 분, 힘들 때 격려해준 분, 우리는 그들을 내 인생의 멘토라고 말한다.

흔히 아는 것과 행하는 것은 다르다. 알고도 아는 대로 다 행하지 못할 때가 많다. 나에게 평강공주 인재 육성법을 알려주신 이명노 선생님은 이를 아는 데에 그치지 않고 바람직한 강사 인재 육성을 위해 지속적으로 실천하는 사람이다.

멘토들은 시공을 초월해 존재해 왔다. 위대한 멘토를 가까이 하라. 그들에게는 적극적인 칭찬과 격려, 인간 잠재력에 대한 믿음, 포기하지 않고 지원하는 인내심이 있다. 인생에 있어서 자기 극복의 노력과 개척 의지도 필요하지만, 멘토로부터 지도를 받는 과정이 굉장히 중요하다. 혼자 배우고 혼자 이루는 것보다 멘토를 정해 학습하고 소통하는 것이 훨씬 빠르고 단단한 길이 될 것이다.

# 술값 아닌 인생을 계산하라

행복은 만족해하는 사람들의 것이다.
- 아리스토텔레스

    강사 일을 하고 대학원에 진학한 이후로 나는 가능한 술을 멀리하고 있다. 술과 공부는 어울리지 않는 궁합이라 믿기 때문이다. 나는 술을 마실 시간에 독서를 통한 자학자습으로 지식을 쌓고 싶어서 유명 인사들의 강의를 듣고 그들이 쓴 책을 스스로 찾아 읽는다. 이렇게 직·간접적인 가르침을 받으며 성장하고 있다. 여러 모로 부족한 부분을 채우기 위한 방법이지만, 이 노력들을 통해 그들의 통찰력과 위대한 삶의 조건에 대해 공부하는 소중한 기회도 얻을 수 있다.

    스카이레이크 인큐베스트 최고경영자이자 전 장관이었던 진대제 장관의 강의와 책은 인상적인 생각거리를 던진 체험 가운데 하나다. 한때 진대제 전 정보통신부 장관이 '인생 계산법'을 어느 조찬 모임에서 공개해 화제가 된 일이 있었다. 이미 인터넷에 올라와 숱한 화제를 끌었던 내용이지만, 인생에서 긍정적인 태도가 얼마나 중요한지 강조하고 있어 글로 소개할까 한다.

진 전 정통부 장관은 조찬 모임을 시작하면서 참석자들에게 이렇게 물었다.

"인생을 100점짜리로 만들기 위한 조건이 무엇일까요?"

"운 아닐까요?"

"운은 아닐 겁니다. 노력이겠지요."

"사랑 아니면 일이겠네요……."

참석자들이 한마디씩 앞다투어 말했다.

여러 대답이 중구난방으로 쏟아졌다. '대박'이라든가 '로또' 같은 답변이 튀어나와 자리에 둘러앉은 참석자들을 즐겁게 만들기도 했다. 참석자들의 궁금증이 몹시 커졌을 때 그는 파워포인트 자료를 열었다. 어느 외국인에게서 접한 내용으로 알파벳과 숫자를 조합해 만든 간단한 인생 계산법이었다. 점수를 계산하는 법은 다음과 같다.

일단 알파벳 순서에 따라 숫자를 붙여 준다. A는 1, B는 2, C는 3, D는 4, E는 5…… 이런 식으로 Z는 26까지 나열한다. 다음에는 하나의 영어 단어를 구성하는 알파벳을 숫자와 바꾸고 이를 모두 더

해 100이 되는 단어를 찾아본다. 이러한 계산법을 소개하자 사람들은 마치 탐정 소설을 읽듯 눈을 초롱초롱 빛낸다. 모두가 미간을 찌푸린 채 100점으로 떨어지는 단어를 찾느라 애를 쓰는 모습이 역력했다.

진 전 장관이 웃으며 말했다.

"열심히 일하면 100점짜리 인생이라고요? Hard Work, 일은 98점입니다. 일만 열심히 한다고 100점짜리 인생이 되는 건 아닌가 봅니다."

그는 곧장 다른 단어를 제시했다.

"흠, 아는 것이 많으면 어떨까요? Knowledge, 지식은 96점입니다. 사랑은요? Love는 겨우 54점이네요. 운이 좋으면 될까요? 천만에요. Luck, 운은 고작 47점입니다. 돈이 많으면 어떨까요? Money, 돈은 72점입니다. 그렇다면 리더십은 어떨까요? Leadership은 97점이군요. 높은 편입니다만, 100점은 아닙니다."

"장관님, 정답이 있기는 한가요?"

참석자 가운데 한 사람이 물었다. 모두들 정답이 뭔지 매우 궁금해 하고 있었다.

"네. 있습니다. 정답은 바로 태도, Attitude입니다. 인생은 태도나 자세, 혹은 마음먹기에 따라 100점짜리가 될 수 있다는 의미이지요."

일시에 모두들 만족스러운 미소를 지었다.

사람들의 얼굴에 감동과 감탄의 기색이 퍼져나갔다.

"100점짜리 인생은 결국 삶을 대하는 태도, 그리고 삶을 사는 자세에 달려 있습니다."

그는 말했다.

그렇다. 나 역시 100점짜리 인생이 태도에 달려 있다고 믿는다.


원효대사 해골물 사건은 이와 유사한 깨달음을 던져 준다. 신라의 고승 원효대사는 동굴에서 잠을 자다가 목이 말라 바가지에 담긴 물을 벌컥벌컥 마신다. 하지만 다음날 아침 그는 깜짝 놀라고 만다. 바가지로만 알았던 물건은 해골이었고, 그 안에는 썩은 물이 고여 있었다. 그는 이 사건을 통해 모든 일은 마음먹기에 달려 있으며, 마음이 만물을 창조한다는 사실을 스스로 깨우쳤다.

알파벳으로 알아보는 100점짜리 인생 계산법은 그 후에도 많은 언론에 소개되면서 큰 인기를 끌었다. 수천 개의 블로그에 글이 등록되었다. 신문기사를 보고 감동과 깨달음을 얻어 인생을 다시 생각하고 시작하게 되었다는 내용의 글이 진대제 전 장관의 이메일로 쇄도했다.

한 네티즌은 이 계산법을 컴퓨터 프로그램으로 짠 다음 단어장을 아예 통째로 넣어서 100점이 되는 모든 단어를 찾아 보내주기도 했단다. 다 참신한 아이디어였지만, 그 가운데 그가 가장 깊은 인상을 받은 단어는 스트레스(Stress)와 휴식 취하기(Take a Rest)였다.

Stress와 Take a Rest는 각 알파벳의 숫자를 더해보면 100점이 된다. 스트레스 같은 부정적인 단어는 인생을 마이너스 방향으로 몰아갈 것 같지만, 실제로는 적당한 스트레스가 있어야만 100점짜리 인생이 될 때가 있다. 또 이를 해소하기 위해 깊은 휴식을 취해야만 100점짜리 인생을 유지해 나갈 수 있다.

100점짜리 인생 계산법은 한번쯤 머리를 써서 생각해 봄직한 심오한 계산이라는 생각이 든다. 지금도 '운이 안 따라줘서', '자본금이 없어서', '대기업에 못 들어가서', '명문대에 들어가지 못해서' 자기 인생이 불행하다고 느끼는 많은 동료들과 교육생들에게 들려주고 싶은 이야기이다. 이 계산법으로 사람이 성공하기 위해 가장 필요한 것이 무엇인지를 발견했으면 하는 소망이다.

그렇다면 나에게 100점짜리 인생이란 무엇인가?

어느 날 최후의 순간이 왔을 때 자신에게 최선을 다했다고, 후회 없이 당당하게 말할 수 있는 인생이 이른바 100점짜리 인생일 것이다. 나는 '일일학 일일신(日日學 日日新)', 매일 배워서 매일 새로워진다는 철학을 지키며 살아가고 싶다. 이 태도를 오래도록 지키며 살아가는 것이 내게는 100점짜리, 만점 인생이다.

# 전쟁 같은 인생은
# 스스로 만든다

가치 있는 목표를 향해 출발하는 순간
이미 성공에 다가서는 것이다.

**– 미국 속담**

철강왕 앤드류 카네기는 팀워크를 이렇게 정의했다. 팀워크란 공동된 비전을 향해 함께 일하는 능력이요, 각자의 개별적 성취를 조직적 목표로 향하게 하는 능력이며, 평범한 사람들이 가장 비범한 결과에 도달하게 하는 연료이다.

인생에서 가장 근간이 되는 팀워크는 흔히 부부관계로부터 시작된다. 결혼생활이란 일만큼이나 중요한 인생의 경로이며, 인생에서 반드시 챙기고 가야할 부분인 것이다.

모든 관계는 본래 하나의 방향으로 통하게 되어 있다. 가정에서 부부 팀워크를 만들지 못하는 사람은 일터로 나와서 동료 혹은 상사와의 팀워크를 만들기 어렵다. 타인과 함께 공동의 비전을 세울

줄 알고 개인의 성취를 조직의 이익으로 이끌 수 있는 능력이 있는 이라면 가족 안에서도 뛰어난 팀워크를 발휘할 수 있다. '동행(同行)'이라는 단어의 가치를 이해하고, 결혼을 아름다운 동행으로 만들 줄 안다.

1986년 따뜻한 봄날, 나는 평생의 동반자를 만나 아름다운 동행을 시작했다. 그 당시 아내는 전도유망한 대기업에 다니는 커리어 우먼이었고, 나에 비해 훨씬 뛰어난 학력과 경력을 갖춘 인재였다. 군 복무기간 중에 테니스 병이었던 사병에게 그의 사촌누나인 아내를 소개받았고 무려 7년간 편지로만 연락을 주고받았다. 당장 만나고 싶었지만 참고 기다리면서 인간적인 신뢰와 사랑을 쌓아나가고자 한 것이다. 우리는 오랜 시간동안 편지를 주고받으며 진심을 표현했고 서서히 서로를 알아갔다. 내가 선뜻 그녀를 만나지 못한 것은 앞으로 나설 자신감이 없어서였다.

우선 아내에 비해 내 스펙이 부족했다. 집안 형편은 어려웠고 결혼 준비를 충실히 한 것도 아니었다. 하루빨리 아내를 만나고 싶었지만 자신이 없었다. 문제는 콤플렉스였다. 생각의 감옥에 단단히 갇혀 이를 넘어설 자신이 없었다. 결국 창원기능대학에 입학하고 난 뒤에야 아내를 겨우 만날 수 있었다. 빼어난 외모에 노래까지 잘 부르는 사람이었다. 그런 아내가 내 청혼을 받아주어 꿈같은 신혼생활이 시작되었다.

어렵게 결실을 맺은 결혼이었지만 시간이 지날수록 나는 우리나라 여느 남편들처럼 밥벌이를 핑계로 가정에 소홀해졌다. 급한 회사 업무를 도맡아 처리하느라 이리저리 뛰어다니다 보니 어느새 훌쩍 30대 후반이 되었고, 직장에서 야근을 마치고 돌아와 완전 지친 몸으로 방에 눕는 생활이 반복되었다. 아내 혹은 가족과의 약속을 어기는 경우는 부지기수였고, 그러다 보니 대화를 나누는 횟수도 점차 줄어들었다.

이따금 아내가 서먹해진 사이를 풀어 보려고 살갑게 말을 붙이기도 했다. 아내는 주로 아이들 학원에 다녀온 이야기, 이웃집 아주머니들 이야기, 집에서 일어난 이야기를 해 주었다. 하지만 가정에 관심을 갖게 하려는 아내의 노력에도 불구하고 나는 여전히 묵묵부답이거나 대화에 거의 집중을 하지 못했다. 남편이라는 사람이 집에만 들어오면 입에 지퍼를 채워 놓은 것처럼 말을 하지 않으니 아내로서 여간 답답한 노릇이 아니었다. 그러자 행복했던 가정에 조금씩 균열이 생겼다.

하루는 퇴근하고 집에 들어왔는데 집사람이 처갓집에 전화를 하고 있었다.

'금방 끝나겠지…….'

대수롭지 않은 마음으로 10여 분을 기다리다가 안 되겠다 싶어서 몸을 씻고 나왔는데 여전히 통화 중이었다. 배에서 꼬르륵 소리가 요란하게 났다. 몸이 아플 때조차 식사를 거르지 않을 정도로 나는 끼니를 열심히 챙기는 사람이었다. 어릴 때 배곯은 경험 때문인지 밥을 제때에 먹지 못하면 짜증이 많이 났다.

속된 말로 머리에 뚜껑이 열린 나는 아내가 전화를 끊자마자 버럭버럭 소리를 질렀다.

"밥도 안 주고 무슨 통화를 그렇게 오래 해?"

"왜 그래 당신? 집에 전화하고 있었잖아?"

"급한 전화도 아니었잖아. 일하고 온 사람, 밥은 차려줘야 할 거 아냐?"

여느 때와 달리 목소리가 점점 커졌다.

"밥 조금 천천히 먹으면 큰일 나? 심각한 얘기 중이었다고! 당신이 뭘 알아?"

"하루 종일 뭐하고 있다가 퇴근 시간에 전화를 하냐고? 밥 못 해주면 뭐라도 시켜 먹으라고 하던가!"

급기야 나는 식탁에 놓여 있던 플라스틱 그릇까지 바닥에 던졌다. 그간 업무 스트레스가 쌓인 탓일까? 나는 전화를 트집 잡아 아내에게 괜스레 화를 내고 있었다. 분위기가 더욱 험악해졌다.

"당신은 뭘 그렇게 잘했어? 집에 들어오면 밥이나 찾지, 내 얘기 한 번이라도 진지하게 들어준 적 있어? 내가 통화 오래 한다고 뭐라고 했지? 당신은 내가 무슨 생각을 하는지, 고민이 뭔지 알고 싶은 생각이 없잖아? 그러니까 엄마한테라도 전화하는 거야. 당신이 잘 들어주면 내가 왜 전화를 하겠냐고!"

처음 있는 일이었다.

아내는 내게 화를 내며 손에 들고 있던 전화기까지 내동댕이쳤다. 당시 처음 출시되었던 귀한 무선 전화기가 충격으로 부서졌다. 그간의 침묵이 보이지 않는 틈을 만든 것일까? 밥으로 시작한 사소한 싸움이 눈덩이처럼 커져서 둘 사이에 깊은 상처를 남겼다.

"힘들어서 그래. 당신이 이해를 해 줘야지!"

"이해? 언제나 내가 이해하는 역할이어야 해? 회사 일 바쁘다고 가족이랑 여유로운 시간 보낸 적 있어?"

"아니, 나 혼자 잘 될라고 그래?"

이 일로 우리는 오랫동안 서로 말도 하지 않고 갈등을 키워 갔다. 냉전 상태나 다름이 없었다. 드러나게 싸움을 하지 않을 뿐 다시 전쟁으로 번질 소지가 충분했다. 한 번 크게 싸우고 나니 주기적으로 싸움을 하는 것 같았다. 아무리 싸우지 말자고 결심해도 얼마 지나면 또 싸웠다. 탄탄하다고 확신했던 가정의 팀워크가 무너지자 일상이 급격하게 망가졌다. 어깨에 힘이 쭉 빠진 모습으로 회사에 나갔으니 일이 잘 될 리 없었다. 가정의 행복이 일에서의 성공, 더 나아가 인생에서의 성공에 가장 핵심적인 부분일 수 있다는 것을 그때 알았다. 우리만 이렇게 싸울까? 주변 사람들에게 조심스레 물어 보니 부부 사이에 조금씩 차이는 있지만 갈등이 다 있다는 얘기를 들었다. 누구나 그렇다는 말에 조금 안도감을 느꼈다.

정말 소중한 것은 잃어버리고 난 뒤에야 알게 된다. 가정의 팀워크가 잘 이루어질 때 사람은 비로소 행복을 느낀다. 가정의 평화는 한 사람에게 일상의 평화와 행복을 주는 것 외에도 또 다른 것을 선물한다. 열정을 다해 일하게 하는 원동력이 되는 것이다.

"미안해 여보! 배고프다고 어떻게 되는 것도 아닌데 못 참고 화내서 미안해!"

"금세 미안할 일을 뭣 땜에 화냈어?"

"정말 미안해, 여보."

"당신……. 정말이야?"

아내는 좀처럼 내 말을 믿지 않았다.

나는 잃어버린 아내의 신뢰를 되찾기 위해 아내와 대화하려고 노력했다. 자잘한 일상부터 집안의 크고 작은 일들, 세상의 뉴스거리들까지 이런저런 대화를 시도했다. 테니스, 마라톤 등 가족 모두가 함께 할 수 있는 취미 활동도 만들었다. 우리 가족은 주말마다 같이 운동을 하기 시작했다. 이전에 좋았던 관계로 돌아온다는 게 쉽지만은 않았다. 일에 집중하느라 가정을 돌보지 못하는 사이에 속으로 곪을 대로 곪은 관계들을 회복하느라 시간이 오래 걸렸다. 이즈음 연수원에서 인간관계에 관한 심리학 이론 가운데 하나인 교류분석을 배웠다. 공부한 내용을 일상에 적용하는 데에 집중하면서 갈등을 조금씩 줄여 갔다. 이 시기 불문율처럼 여기며 살았던 '남편이 반드시 지켜야 할 열 가지 약속'을 적어 보면 다음과 같다.

## 남편의 십계명

1. 결혼 전과 신혼 초에 보였던 관심과 사랑이 계속 변하지 않도록 노력하라.
2. 결혼기념일과 아내의 생일을 절대 잊지 말라.
3. 평소 아내의 옷차림과 외모에 관심을 보여라. 남편은 아내의 사랑스러움을 가꾸는 정원사라는 것을 알아야 한다.
4. 아내가 만든 음식에 대해 말이나 행동으로 감사를 표시하라.
5. 모든 일을 아내와 의논하고 결정하는 습관을 가져라. 결혼의 생활이란 부부간의 사랑보다 평소에 부부가 얼마나 많은 대화를 나누는가에 달려 있다.
6. 아내의 마음에 상처를 주는 농담이나 행동을 삼가라.
7. 가정불화가 있을 때 남편은 아내에게 한걸음 양보하라. 아내의 매력이 사랑스러움이라면 남편의 매력은 너그러움이다.

8. 가정 경제는 아내에게 일임해 아내가 보람을 갖게 하라.

9. 아내의 개성을 존중하고 취미를 적극 지원하라.

10. 하루에 두 번 이상 아내의 좋은 점을 발견해 즉시 말해줌으로
써 아내에게 기쁨을 주는 습관을 길러라.

아내와 자식을 남에게 자랑하는 사람을 흔히 팔불출이라고 한
다. 하지만 팔불출이라 해도 괜찮다. 지금까지 아내는 살림을 알뜰
하게 잘 하고, 아들 둘을 건강하게 키웠으며, 전형적인 남자로 자
라나 관계에 여러모로 부족한 나를 한결같이 도와주고 위하는 마
음씨 고운 사람이다. 때로는 연인처럼, 때로는 어머니처럼 나를 사
랑해 주는 아내. 그래서 나는 아내를 '학부모님'이라고 부른다. 어
려운 환경에서 자라난 나를 밝은 성격으로 이끌어 주었고, 가사와
양육에 누구보다 모범적이며, 나의 계속적인 배움을 지원해 능력
을 극대화시키게끔 도와준 아내는 나에게 바보온달을 장군으로 만
든 평강공주와도 같다.

동행(同行)이란 인생의 길을 같이 가는 것이며 손을 잡지 않아도
같은 방향으로 나아가는 것이다. 아름다운 동행은 가족에서 시작
된다. 부부간의 팀워크를 잘 유지하기 위해서는 서로에 대한 믿음
과 사랑을 지켜내는 일이 가장 중요하다. 인생사에서 전쟁이란 언
제나 스스로 만드는 것이다. 깊이 있는 대화를 통해 마음을 확인하

고 함께 하는 취미 활동으로 스트레스를 풀면서 부부 혹은 가족 팀
워크를 다져 나간다면 세상의 어떤 세파에도 흔들리지 않는 강인
함을 갖게 될 것이다.

# 배움의 기쁨을 만끽하라

배움에는 끝이 없다는 말이 있다. 논어의 〈학이편〉에는 배움에 대한 진리가 여럿 제시되어 있다. 이 가운데 첫 장의 공자님 말씀은 머릿속에 깊이 담아두고 되새길만하다.

"배우고 때때로 익히니 어찌 기쁘지 않은가. 벗이 멀리서 방문하니 어찌 즐겁지 않은가. 사람들이 몰라준다고 해서 화내지 않으니 어찌 군자가 아니겠는가."

이 말에서 공자는 배우고 배운 것을 반복해 자기 것으로 만드는 것이 무한한 기쁨이라고 말했다. 여기서 공자가 생각한 '때때로'란 평생을 두고 이어지는 것이다. 이렇게 공자는 시험이나 승진 등을 위한 목적성 공부가 아니라 평생 공부를 가까이할 것을 권했다. 공자에게 있어 공부란 인생에서 결코 끝나서는 안 되는 과업이었고, 무한한 행복과 즐거움을 안겨주는 일이었다.

내 경우 어린 시절부터 배움에 대한 열망이 워낙 강했다. 배우고 싶어도 배울 수 없었던 시기가 길었기 때문이다. 뭔가를 배울 기회가 생기면 무작정 뛰어들고 보는 열정도 과거의 결핍과 콤플렉스가 만들어낸 것이다. 기름밥 인생 십 수 년 만에 기술, 어학 교육 분야로 전직해 강사가 된 것으로 모자라서 인간관계와 심리학 분야까지 공부하게 된 것도 이러한 연유이다.

1994년에 심리학의 한 분파인 교류분석을 배우고 익히는 과정이 연수원에서 실시되었다. 아내, 가족과 갈등이 있던 즈음이었다. 인생의 여러 크고 작은 딜레마를 마주할 때 나는 심리학이 인생에 적잖은 해답, 혹은 힌트를 줄 것이라 생각했다. 실험실에서 근무하거나 연수생을 교육할 때도 막상 기술적 문제보다 인간적인 갈등이 더 심각한 문제를 야기하는 것을 자주 보았기에 나는 곧장 교류분석 사내강사 교육 과정에 자원했고, 결과는 성공적이었다.

교류분석(Transactional Analysis)이란 미국의 정신의학자 에릭 번(Eric Berne)이 창시한 성격 이론인 동시에 개인의 성장과 변화를 촉진하는 상담 또는 심리치료 이론을 말한다. 이 이론은 흔히 한 인간이 가정이나 일터에서 관계의 특성을 파악하고 자신이 속한 공동체의 사랑과 행복을 유지하기 위한 비결을 제공한다. 교류분석은 조직 안에서 구성원의 성격을 이해하고 건강한 커뮤니케이션을 통해 관계를 개선하는 데에 있어서 그 어떤 심리학적 접근보다 빼어나다는 평가를 받고 있다.

연수원에서 교류분석 강의를 듣고 배우고 익히는 과정에서 정말 좋은 교육이라는 생각을 하게 되었다. 기술 습득 이전에 교육생이 반드시 숙지해야 할 인간관계를 이렇게 쉽게 이해시키고 사례로 적용하기 편리한 프로그램이 있다는 것이 놀라웠다.

교류분석 프로그램에서는 우리 자신의 마음이 구체적인 말과 행동을 결정한다고 보았다. 마음의 내부가 어떻게 구조화되어 있느냐에 따라서 그에 관한 말과 행동이 외부로 표현된다는 것이다. 따라서 그때그때 마음속을 진단할 수 있다면 밖으로 드러나는 자신의 말과 행동의 성질, 상대에게 미치는 영향력을 예측할 수 있다. 만약 현재의 마음 상태가 주위 상황과 상대에게 어울리지 않는 경우 외부 표현을 참거나 마음속을 다른 상태로 조절해 서로간의 관계와 커뮤니케이션을 보다 원만하게 조정할 수 있게 된다. 또 다른 사람의 말과 행동을 통해 상대의 성질을 파악하고 그 사람의 마음속을 올바르게 이해해, 서로 조화를 이룰 방법을 찾아갈 수도 있다.

나는 이 프로그램의 구조분석, 교류분석, 스트로크, 인생태도 과목을 이수하는 과정에서 나 자신과 타인의 마음속을 이해해 상호 관계를 바람직하게 하고 가정의 행복과 조직을 활성화시키는 방법을 모색할 수 있었다.

교육이 끝나고 1달여 만에 강사로서의 자격 여부를 결정하는 시범강의를 치렀다. 열정적으로 강의안을 작성한 결과, 시범강의 1차에 큰 어려움 없이 통과했고 사무직 직원들을 대상으로 교류분석 강의를 시작했다. 연수원에서 강의에 대한 평가를 좋게 받았다. 인정을 받고 나니 더 잘 해야겠다는 생각이 들어 강의를 더 철저히 준비하고 또 점검했다. 나만의 용어로 대학노트에 교안도 꼼꼼히 기록했다. 이 과목에 관심을 두는 후배들을 위해 일본의 교류분석 책까지 혼자 번역했다.

이렇게 착실하게 준비하고 노력하니 강의 의뢰가 계속 들어오기 시작했고, 강의를 준비하는 것이 신이 나고 즐거웠다. 나중에는 청주 영업연수원에서도 강의 의뢰가 들어왔다. 영업직을 대상으로 하는 인간관계 교육 이론으로 교류분석 교육이 채택된 것이다. 영업직 사원들에게 자동차 기술 강의는 해 본 적이 있지만, 인성 교육은 처음이라 굉장히 부담이 되었다. 일단 부딪쳐 보자는 심정으로 강의를 갔더니 교수님이 세 분이나 나온 상태였고, 생산교육센터에서 나온 사람은 나 혼자였다.

최선을 다해 교육을 마치고 얼마 후, 교육 평점이 가장 높게 나왔다는 연락을 받았다.

'일반직에 이어 영업직에까지 인정을 받다니……. 다음에는 더 잘해야지!'

이 일이 계기가 되어 영업연수원에서 오랫동안 강의를 맡게 되었다.

시간이 지나 교류분석 강의에 적응했을 무렵에 '이것으로 만족해서는 안 된다'는 새로운 각오를 다졌다. 서점에 가서 교류분석에 관한 책 세 권을 구입했다. 책을 탐독하고 나니 강의를 할 때 사례로 활용할 내용들이 풍부해졌다.


이즈음 외부교육업체를 통해 인천공항공사 강의를 해줄 수 있겠느냐는 의뢰가 들어 왔다. 과목은 인성 교육이었고, 대상인원은 100명가량 되었다. 교류분석 강의를 하기로 하고 설명을 했더니 곧바로 일정을 잡아주었다. 그때만 해도 영종대교를 놓기 전이라 인천공항공사 건물로 가려면 인천에서 배를 타고 영종도로 들어가야 했다. 공항 임시 건물에서 100명을 대상으로 교류분석 강의를 했다. 지금 돌이키면 대단한 용기였다.

그 후로 구미 전자업체, 용인 제약업체 등에 출강을 했고, 기아자동차 서비스 직원 대상 교육도 계속 이어가고 있다. 이 강의를 하면 할수록 교류분석 강의는 인간관계에서 대단히 유용한 교육 프로그램이라고 확신하게 된다. 교육 평가가 좋게 나올뿐더러 교육을 받는 당사자들이 너무 행복해 하기 때문이다.

나 역시 교류분석을 배우고 익히는 과정에서 부부싸움이 많이 줄었고, 아이들과의 관계도 보다 친밀하게 되었다. 자동차 구조학, 자동차 엔진, 자동차 샤시, 자동차 법규, 일본어, 인생설계, 경영게임, 경영이념, 현대차그룹 문화, 그룹정신, 기아자동차 역사, 교수법, 핵심가치, 품질관리, 공장자동화, 핵심 역량 리더십 등 지난 30여 년간 수많은 과목을 강의했지만 교류분석 강의를 할 때가 가장 만족스럽다.

"한 가지도 제대로 못하는 최갑도입니다."

워낙 많은 과목을 강의하다 보니 나 자신을 소개할 때도 이렇게 농담을 섞을 때가 있다.

하지만 교류분석 강의만큼은 다르다. 나는 이 강의를 할 때마다 굉장한 자부심과 행복을 느낀다. 자신이 기쁘고 행복하니 다른 업무에 비해 성과도 높아지고, 동료나 수강생들과의 관계도 좋아지는 선순환이 만들어진 것이다.

나는 좋은 교육 프로그램을 현장 후배들에게 나누고 싶어 방법을 고민하기 시작했다. 한번은 직업 훈련생들을 대상으로 강의 프로그램을 만든 다음 노동부에 신고해 교육을 했더니 반응이 아주 뜨거웠다.

이를 계기로 2000년에 현장사원을 대상으로 하는 인간관계 향상 교육 과정을 만들었다. 직원 인성교육을 잘 해서 직원들을 행복하게 해야 한다는 이동룡 공장장님의 당부 말씀이 있었다. 열심히 해 보라고 응원을 해 주셔서 용기를 얻었고, 정말 최선을 다해 강의에 임했다. 이 인간관계 향상 교육 과정은 35세가 되면 직원 누구나 필수적으로 받아야 하는 과정으로 개설해 지금까지 인기리에 잘 운영되고 있다. 교육을 진행하는 2~3일간 배움의 기쁨을 함께 만끽하며 행복을 활활 타오르게 하는 과정이다. 나는 현장 후배들을 위해 이러한 과정을 개설하게 되어 당장 회사를 그만두어도 여한이 없을 정도로 보람과 기쁨을 느끼고 있다.

한편 몇 해 전 내가 방송통신대학 일본어과에서 진학했을 당시, 같은 반에 나이 지긋한 어른이 계셔서 인사를 드리고 쉬는 시간마다 함께 차를 마시거나 대화를 나눈 경험이 있다. 자주 뵙다 보니 그 분이 나진환 의학박사님이고, 연세가 78세이며, 영어와 독어와 일본어 실력이 어마어마한데다 여러 방면에 능력이 있는 실력자라는 사실을 알게 되었다. 어학 실력의 경우 이미 보통 이상으로 뛰어난데, 왜 계속 공부를 하시는지 이해가 되질 않았다. 학기말 시험이 끝나서 함께 식사를 하는 자리에서 박사님께 조심스럽게 질문을 드렸다.

"박사님께서는 이미 학식이 높으시고, 연세도 많으신데 왜 공부를 하십니까?"

"허허. 최선생. 그게 그렇게 궁금하신가?"

"네, 박사님!"

"자네도 알다시피 내가 나이도 있고 하니 치매 방지를 위해 공부하는 걸세! 뇌 기능도 근육과 마찬가지여서 단련을 시키지 않으면 금방 망가진다네. 나이가 들어 기능을 계속 유지하려면 필히 공부를 해야 해!"

"늙어서도 공부를 계속하면 치매에 걸릴 확률이 줄어든다는 말씀이시죠?"

"그렇다네."

나진환 박사님은 평생 공부의 필요성을 의학적으로 설명해 주었다. 끊임없이 새로운 학문을 배우고 익혀 뇌기능이 활발하고 건강해야 치매 발병이 늦어진다는 것이었다. 이렇게 배움이란 인생에 기쁨과 행복을 더하는 활력소일 뿐 아니라 운동처럼 신체적·정신적 건강과도 밀접하게 연결이 된다.

미국의 철학자이자 교육학자인 존 듀이가 이런 말을 남겼다.

"교육은 인생을 위한 준비가 아니다. 교육은 인생 그 자체이다."

나는 그의 말에 전적으로 동의한다. 배움은 그 자체로 의미가 있는 것이다. 배움의 기쁨을 순수하게 만끽하라. 그리고 주변에 전파하라. 교육이 인생에 남기는 효과는 부수적인 산물이지, 목적이 되어서는 안 된다. 인생이 앞으로 흐르듯이 배움도 그 궤적을 따라 함께 흐르는 것이다.

# 비, 비, 불, 미, 인, 대, 칭

사람이 뭔가를 잘할 줄 안다면,
무언가 새로운 것을 배울 때가 된 것이다.

**– 최갑도**

배움의 길은 끝이 없다. 담당 업무가 교육이기 때문에 새
로운 배움에 대한 생각이 항상 머릿속을 떠나지 않았다. 어떻게 하
면 교육을 더 잘할 수 있을까를 고민하면서 배움의 목마름을 즐기
기는커녕 더 간절해지기만 했다. 그 타는 목마름을 해소하기 위해
50대 초반, 평생교육원 교육 과정의 문을 두드렸다. 그동안 수많은
교육 프로그램을 접했지만, 그 프로그램 가운데 데일 카네기 교육
과정을 잊을 수가 없다. 카네기 프로그램과의 만남은 내 안의 자신
감 개발, 바람직한 인간관계 기술, 커뮤니케이션 기술, 리더십 개
발, 걱정 및 스트레스 관리, 그리고 인생관까지 내 인생에 지대한
영향을 미쳤다고 해도 과언이 아니다.

평소 데일 카네기 교육이 유명하다는 것은 알고 있었지만 서울에서 운영되고 있어서 참석하기가 어려웠다. 아쉬운 마음만 가지고 있던 차에 2003년 카네기 교육이 광명에서 실시된다는 정보를 접했다. 놓칠 수 없는 기회였다. 나는 12주 동안 야간에 개설된 광명 카네기 리더십 CEO 과정에 등록했다.

그 당시 나는 무엇보다 교육을 잘 하고 싶은 열망이 컸다. 하지만 성격이 원채 조용하고 소심해서 조금이라도 청중이 많아지면 당당한 의사소통을 하는데 어려움을 겪어야 했다.

그런데 이 프로그램에 참여한 이후로 급격한 변화가 일어났다. 먼저 사람들 앞에서 말하는 데에 두려움이 줄어들었으며 오히려 즐기는 쪽으로 바뀌었다. 둘째로 사물을 보는 시선이 초(超)긍정으로 바뀌었다. 표면적 태도인 외면 행동, 사물을 바라보는 내면 습관을 적극적으로 바꾸고 익히면서 금세 소극적으로 변하기 쉬웠던 내 성격을 상당히 교정해 나갔다.

매 수업 때마다 열 네 살의 마음으로 생각하고, 행동하고, 토론하는 역할 연기를 했다. 예를 들어 '자기 일생에서 가장 기뻤던 일, 또는 가장 슬펐던 일'에 대해 감정을 담아 연기해야 한다. 타인의 얘기를 경청하면서 상호이해를 하고 참가자 한 사람 한 사람의 극적인 어려움에 공감하면서 울음바다가 되기도 했다. 매회 각자의 발표에 대해 전원이 투표를 하고 상을 주는 콘테스트도 열었다.

전체적으로 연기가 과잉되면 나는 진정으로 존재하는 '현실의 자신'과 명분으로서의 '연기적 분위기' 사이에 큰 거리감을 느끼곤 했다. 나처럼 내성적인 사람에게는 위화감을 느끼게 하는 상황이 여러 차례 있었다. 하지만 도중에 포기하면 나 자신에게 실망할 것 같았다. 실패의 경험을 만들고 싶지 않았다.

프로그램이 반 이상 지났을 무렵이었다. 나를 수업에서 겉돌게 했던 위화감이 거짓말처럼 사라졌다. 이는 하나의 발견과도 같았다. 바로 체념의 발견이었다. 이 과정은 마치 종교를 수용하게 되는 과정과도 비슷했다.

'이론이나 체제에 너무 구애받지 말고 시키는 대로 해 보자. 믿고 따라갈 수밖에 없지 않은가? 다음 시간부터는 좀 더 순수하고 순박한 마음으로 참여해야지!'

이렇게 마음을 다잡고서 다음 교육에 참여했다.

판단하고 분석하는 마음을 접었더니 교육이 훨씬 즐거워졌다. 그러면서 프로그램 자체에 더 열중하게 되었고 나중에는 상도 받았다. 그리고 교육이 막바지에 이를 즈음에는 소극적이었던 내가 차분하고 당당하게 생각을 표현하는 나로 인생이 180도 달라져 있었다.

데일 카네기 교육의 백미는 '비, 비, 불, 미, 인, 대, 칭'이다. 인간

관계에 있어 상대방을 비난, 비판, 불평하지 말고 미소, 인사, 대화, 칭찬으로 대하라는 의미이다. 세 가지는 조심하고 네 가지는 지켜야 할 법칙이다. 이 일곱 가지 사항만 잘 익히고 따르면 언제 어느 상황에서나 원만한 인간관계를 유지할 수 있을 것이다.

새롭고 획기적인 교육 과정에 참가하면서 초기의 위화감이나 문화적 쇼크를 탈피하는 데는 시간이 많이 걸렸지만, 일단 이런 감정들에서 벗어나자 내 안의 좀처럼 움직이지 않던 어떤 부분이 빠르게 변하는 것을 느낄 수 있었다. 인생이 보다 긍정적이고 적극적인 방향으로 변화했다.

데일 카네기 교육 프로그램을 통해 내 성격과 가치관을 많은 부분 교정했다. 그 결과 가정, 회사, 사회생활이 얼마나 풍요로워졌는지 모른다. 특히 이 교육 프로그램은 내가 기아자동차를 넘어 여러 교육 현장에서 명강사 대열에 들어가게 된 토대가 되어 주었다. 적극적으로 미소 짓고, 인사하고, 대화하며, 칭찬하라. 초(超)긍정의 에너지가 인생을 완전히 새로운 방향으로 거침없이 이끌 것이다.

# 홈런보다
# 적시타를 노려라

기회는 어떤 준비되어 있는 정신이 필요하다.
– 루이 파스테르

영어에 'Aim High'라는 표현이 있다. 큰 뜻을 품으라는 뜻
이다. 자신에게 잘 맞는 일이란 대체로 갯벌 깊숙이 묻혀 찾기 어
려운 보석 같은 것이다. 아무리 운이 좋고 실력이 괜찮은 사람이라
해도 첫 도전으로는 보석을 발견하기 어렵다. 적당한 성취에 만족
해 한 곳에 머무르지 말고 목표를 드높여 도전하기를 멈추지 말아
야 한다. 끊임없는 도전과 열정이란 곧 젊음의 특권이자 책임이다.

지금까지 살아온 인생을 찬찬히 정리하다 보니 언제나 나를 앞
에서 이끌어준 삶의 진리가 하나 떠오른다. 언제 어디서나 꿈과 목
표를 높이 설정하고 열정과 최선을 다해 그 목표에 도전하는 것.
그리고 나중의 결과가 어떻든 간에 겸허히 감사하는 마음으로 받

아들이는 태도. 이를 한마디로 정리하면 스스로의 열정을 경영하는 마음가짐이라 할 수 있다. 이와 관련해 떠오르는 일화가 한 가지 있다.

한번은 용인 마북리 현대연수원에서 전 직종별 간부사원을 대상으로 '현대자동차그룹문화' 연수 과정이 1년간 운영되었다. 현장 관리자 과정이 2박 3일간 인원 3,000명으로 가장 길게 운영되었다. 3개 공장 직원들을 한 연수원에서 실시하려니 이동 문제부터 복잡한 일들이 한두 가지가 아니었다.

교육은 철저하게 진행되었다. 교육 시너지를 높인다는 목적 하에 교육 복장도 정장으로 통일했다. 그룹문화 교육 외에 다른 교육 시간은 밤늦게까지 진행하고, 관련 교재를 미리 읽고 발표를 하는 등 다양한 교육을 실시했다.


마지막 날인 3일차 수료식 때에는 임원특강 시간을 가지기로 했다. 각 공장의 공장장이신 부사장님께서 특강을 하시기로 미리 계획되어 있었다. 만약 업무상 문제로 오시지 못하면 마북리 현대연수원 원장님께서 특강을 대신 해주시기로 했다.

그런데 3일째 날, 공장장님이 오시지 못한다는 긴급 연락을 받고 연수원 원장님께 강의 요청을 하러 올라갔더니 원장님도 자리를 비우고 안 계셨다. 그래서 부원장님에게 상황을 말씀드리며 급하게 강의 요청을 했다.

"특강이라……. 사실 최갑도 선생이 현장을 잘 알고 교육 경험도 가장 많지 않습니까? 저는 괜찮으니 직접 원장 자격으로 특강을 해 보세요."

"아, 제가요? 알겠습니다. 부원장님."

250명 관리자들 앞에서 하는 강의였다. 마음의 준비가 안 되어 있으니 굉장히 당황하긴 했지만 그렇다고 하지 않을 수도 없는 일이었다. 이 위기를 어떻게든 슬기롭게 넘겨야 했다.

그날 사회자에게 소개를 받아 강단에 올라선 나는 차분하게 '내가 단상에 올라올 수밖에 없는 이유'를 설명하고 나서 이렇게 덧붙였다.

"여러분. 저에게는 큰 꿈이 있습니다. 바로 연수원장이 되어 이 자리에 서는 것입니다. 아무래도 그 꿈을 미리 예행연습해 보라고 이런 기회가 온 것 같다는 생각이 듭니다. 제가 연수원장이 되면 직원의 10%는 항상 교육장에서 자기 역량을 높일 수 있도록 환경을 만들고 싶습니다."

나는 당당하게 말했다.

그 결과 특강을 마치고 나서 나는 별명이 연수원장님으로 바뀌었다. 이제와 돌이켜보니 내 꿈이 다소 급조된 감이 있지만, 그 시절 잠재의식 속에서 막연하게 나마 바라고 있었던 것 같다. 언젠가

정말 연수원장이 되어 내 교육이념을 널리 전파할 때가 올 것이라고 나는 어렴풋이 확신하고 있다.

성공한 사람들의 인생을 가만히 살펴보면 그들은 공통적으로 '꿈과 열정'을 가지고 있었다. 나는 무릇 우리나라의 젊은이라면 꿈을 높게 가지고 살기를 바란다. 그런데 꿈이라 하면 흔히들 '큰 부자가 되겠다.'고 한다던가, '위대한 과학자나 세계적인 대기업의 CEO가 되겠다.'라고 하는 등 원대한 목표를 세운다. 물론 그런 높은 목표를 달성하기 위해 어떠한 위기에도 굴하지 않고 지속적으로 노력할 수 있다면 그보다 더 훌륭한 일은 없을 것이다.

그러나 만루 홈런을 치려는 욕심에 계속 삼진을 당하는 것보다 매게임에서 적시타를 치는 게 훨씬 더 가치 있는 일이다.

너무 멀고 현실적으로 이루기 힘든 목표는 꿈이 아닌 망상이 되기 쉽다. 안타도 치기 어려운 사람이 홈런을 꿈꾼다면 현실과의 괴리가 커서 쉽게 좌절감을 맛보고 중단해버릴 가능성이 크다. 이는 바람직한 일이 아니다. 나는 현실에서 실현가능하면서도 나 자신에게 가장 가까운 목표를 꿈으로 세우라고 권한다.

자신의 주변 환경을 잘 이해하고 현실성 있는 꿈을 설정하는 것이 중요하다. 이렇게 중간 단계까지 성장하겠다는 꿈과 목표를 설정하고 스스로를 채찍질하면서 목표를 차근차근 높여가야 그 다음 꿈으로 다가갈 수 있다. 이러한 계획 하에 30대에 최고가 되고 40대에 남은 기량을 남김없이 발휘할 수 있다면 가장 이상적인 인생 로드맵일 것이다.

분야를 막론하고 자기 자리에서 최고 위치에 오르면 삶의 궤적에 대해 고민하고 방황할 필요가 없어진다. 자기 자리에서 최고가 되면 자연히 다음 길이 열리기 때문이다. 꿈은 콩나물시루처럼 차근차근 키워나가야 한다. 자기를 담을 수 있는 그릇을 조금씩 늘려가면서 천천히 자라게끔 하는 것이다.

# 인생 각본을 다시 써라

목적을 달성했다는 것은
축하받을 이유이라기보다는 새로운 생각의 근거이다.
- 피터 드러커

고령화 시대에 맞서 인생의 2막과 3막을 준비하는 사람들이 있다. 이른바 '인생 후반전'을 위해 꿈과 비전을 다시 짜는 이들은 취미나 직업 교육 과정을 수강하거나 자격증을 딸 준비를 하고 인생을 새롭게 설계하는 등 앞으로의 시대에 전개될 100세 인생을 적극적으로 대비하고 있다.

은퇴 이후의 삶을 준비하는 경영자 교육 과정을 개설해 주목받고 있는 동국대 행정대학원 박영희 교수는 한 인터뷰에서 100세 인생의 행복 찾기를 위한 전략적 사고를 강조하면서 인생 2막과 3막의 성공을 좌우하는 네 가지 요소를 이렇게 요약했다.

"……은퇴 이후 삶에 필요한 것들을 크게 네 가지로 압축할 수 있는데, 부(富)테크, 학(學)테크, 인(人)테크, 휴(休)테크가 그것입니다. 부테크는 흔히 말하는 재테크의 개념이고, 학테크는 학문적 성취를, 인테크는 인맥, 휴테크는 노후에 잘 쉬고 잘 노는 게 경쟁력이라는 뜻을 담고 있습니다. 이 가운데 가장 중요한 기술은 학테크입니다. 배움을 통해 재테크, 인테크, 휴테크 모두 익힐 수 있기 때문입니다. 고졸 출신의 전 중국 국가주석 마오쩌둥은 자신이 10년을 산다면 9년 359일을 공부하겠다고 했습니다. 혁명을 승리로 이끈 힘은 결국 배움에 있었다는 말입니다."

심리요법의 하나인 교류분석(transactional analysis, TA)에서는 '인생 각본'이라는 말을 자주 쓴다. 만약 인생이 한 편의 무게감 있는 연극이라고 한다면 사람은 어린 시절부터 만들어 온 자기 역할에 충실하게 말하고 생각하고 행동하면서 이 연극을 앞으로 이끌어 나간다. 이 무대에서 사람이 스스로를 연출하고 있는 방향을 두고 교류분석에서는 인생 각본, 줄여서 각본이라고 말한다.

교류분석학자들에 의하면 인생 각본은 어린 시절 부모의 영향으로 만들어지며, 그 후 발달하면서 겪는 크고 작은 인생 경험에 의해 강화된다. 각본은 진학, 취업, 결혼, 육아 등 인생의 중요한 국면에 지대한 영향을 미친다. 우리는 이따금 꿈과 비전을 만들어 인생을 새로운 방향으로 이끌기도 하지만, 대체로 크게는 무의식이 과거에 새겨 놓은 습관대로 살아가게 된다. 이러한 습관들이 하나씩 모여 인간의 운명을 만든다.

다시 말하자면 인생 각본이란 한 인간의 무의식에 새겨져 있는 인생의 흐름과도 같다. 긍정적인 각본을 가진 사람을 승자, 부정적인 각본을 가진 사람을 패자라고 한다. 하지만 잘못 만들어진 인생 각본은 거스를 수도 바꿀 수도 있다. 과거의 인생 각본에서 벗어날 수 있다는 사실을 자각하게 되면 우리는 자율성을 회복하고 인생을 좀 더 원하는 방향으로 이끌 수 있게 된다.

인생 2막과 3막을 준비하는 베이비부머 세대들, 은퇴 이후의 아름다운 노년을 꿈꾸는 경영자들, 학테크로 인생을 바꾼 마오쩌둥은 승자의 인생 각본을 만들어가기 위해 노력한 사람들이다. 그들은 이미 승자 각본을 가지고 있었거나 패자 각본을 승자 각본으로 바꿀 준비를 하고 있다. 돌아보면 내 인생에도 이런 과정이 있었다. 인생 각본을 새로 만드는, 빛나는 전환의 순간이 있었던 것이다.


나의 지난 어린 시절은 고난과 슬픔의 연속이었다. 인생에서 꿈과 비전을 찾기가 밤하늘의 별만큼이나 까마득하게 여겨졌다. 이 시간을 어떻게 버티고 지나온 걸까? 생각해 보면 현실이 힘들어도 미래에는 더 나은 인생을 살 것이라는 분명한 확신과 기대감이 있었기 때문이다. 어쩌면 이미 내 마음속 무의식에는 승자의 인생 각본이 일부 자리 잡고 있었다.

비록 짧은 기간이었지만 돌아가신 어머니가 주신 무한한 사랑이 있었고, 아버지의 끊임없는 인정과 칭찬의 말을 들었고, 성장기에 좋은 분들을 만나 격려와 가르침을 받았다. 어려운 상황에도 기죽지 않고 승자 각본을 가질 수 있도록 매사에 긍정적인 영향력을 주는 이들이 가까이에 있었다.

한때는 가난과 학력 콤플렉스에 빠져 패자 각본을 내 운명으로 받아들인 적도 있었다. 그 시절 내게 교복은 고통과 비애의 상징이었다. 하지만 어느 순간 '마음속 결핍을 궁핍 선생으로 모시자.'고 다짐했을 때 배움은 더 이상 고통이 아닌 열망이 되었다.

가난과 학력의 벽을 뛰어넘어 성공과 성취의 길로 나아간 롤 모델들을 정해 꿈과 비전을 정비했고, 내 안의 무한한 잠재력을 끌어내고자 노력했다. 나는 이 과정에서 '가난해서 배울 수 없다.'라는 패자 각본을 버리고 '가난을 내 힘으로 스스로 극복하면 평생 공부할 수 있다.'라는 승자 각본을 만들어 냈다. 결핍을 끌어안는 순간 패자 각본이 승자 각본으로 바뀌었고, 콤플렉스에서 벗어나 진정한 자유를 얻을 수 있었다.

우리는 모두 자기 인생의 승자가 되기 위해 태어났다. 허나 피할 수 없는 환경이나 상황들이 새겨 놓은 패자 각본의 경우 이를 스스로 수정하지 않는 한 사라지지 않고 축적된다. 그리하여 어두운 과거와 기억들은 우리 인생에 지속적으로 좋지 않은 영향을 미친다. 수년 또는 수십 년 동안 우리를 매번 같은 딜레마에 빠지게 만드는 주범은 우리 내부에 뿌리 깊게 자리 잡은 패자 각본이다.

패자 각본을 가진 사람들은 자기 인생에 대한 책임을 외부 세계에 돌리려고 한다. 뭔가 뜻대로 안 될 때마다 각종 변명으로 스스로를 합리화하며 다른 이를 무리하게 설득하려 든다.

반면 승자 각본을 가진 사람들은 남의 기대에 부응하려고 하기보다 자신의 판단과 느낌을 소중히 여기고 자기 한계를 받아들이며 주변 사람들과 진정한 애정을 주고받을 줄 안다. 자율성과 여유를 가지고 있기 때문이다. 또한 승자는 미래를 위해 현재의 어려움을 감수하지만 현재를 희생하지 않는다. 자신을 둘러싼 모든 것과 나누고 공유하는 태도를 가지고 있다.


패자 각본에서 벗어난 후 나는 자신을 소중히 여기면서도 함께 생활한 모든 분과 내가 속해 있는 환경, 그리고 사회에 이르기까지 보다 널리 관심을 가지고 더 나아지게 할 바른길을 찾게 되었다. 성실한 기술자로, 생산직 직원으로 하루하루에 만족하며 살아가다가 인생 중반 무렵 낯설기 짝이 없는 교육 업무에 뛰어든 것 또한 이러한 생각의 연장선에 있었다.

우선 교육 전문가가 되어 '선생님'이라는 어린 날의 꿈을 이루겠

다는 목표가 있었고, 언젠가 세상 전체를 무대로 활동하는 동기부
여 강사가 되어 나처럼 어린 시절에 어려움을 겪었거나 지금도 힘
든 상황에 있는 사람들이 자기 삶에서 꿈과 비전을 찾고, 앞날을
성공적으로 계획하도록 돕고 싶은 마음이 있다. 특히 미래에 역량
이 닿는 한 여전히 가난 때문에 배움의 기회를 얻지 못하는 청소년
들을 위해 교육센터를 열고, 그들이 승자 각본을 만들어 꿈을 펼칠
수 있게 응원하는 사람이 되고 싶다.

교육은 '콩나물시루에 물 붓기' 같은 것이다. 콩나물시루에 물을
부어봐야 물은 어김없이 모두 빠져나간다. 하지만 눈에 보이지 않
아도 콩나물은 물의 힘으로 자라난다. 만약 물을 주지 않으면 콩나
물은 비실비실 마르다가 죽고 말 것이다. 교육은 미세 효과를 기대
하고 장기간 실시했을 때 깊은 정서와 공감대를 형성하며 자기 확
신과 자존감을 키우고 인생 각본의 변화를 일으키는 데에 도움을
준다. 이를 유도하는 가장 적절한 교육의 형태가 바로 동기부여 교
육이다. 나 자신과 주변 사람, 사회와의 관계 속에서 교육자의 사
명에 따라 타인의 삶을 바람직한 방향으로 안내할 수 있다면 그보
다 더 가치 있는 일은 없을 것이다. 나의 인생 후반전에 여전히 배
움과 교육이 중심을 차지하고 있는 이유이다.

교육은 상대방의 입장을 우선하는 일이다. 상대를 앞서 생각하
고 판단하며 뭔가를 끊임없이 전하고자 하는 일이다. 다시 말해 인

간관계의 기본인 '배려하는 마음'을 기반으로 이루어지는 상호작용이다. 러시아의 대표적인 작가 도스토예프스키는 이런 말을 남겼다.

"배려야 말로 가장 중요한 것이며, 전 인류의 유일한 생활 규범이다."

이제 남은 시간은 배려하는 마음으로 나의 이야기를 필요로 하는 전 계층을 위해 내 힘으로 할 수 있는 모든 일을 하면서 살고 싶다. 동기부여 교육은 그 비전의 일환이다.

지금으로부터 24년 전, 교육팀으로 스카우트되어 교육 업무를 맡게 된 일은 내게 축복이었으며, 나 자신을 올곧게 살 수 있게 만들어 주었다. 이는 인생 각본의 변화로 인해 가능했던 일이다. 만약 낯선 과제가 닥쳤을 때 '나는 해본 적이 없기 때문에 할 수 없다.'며 지레 겁을 먹고 발을 뺐다면 이 축복은 존재하지 않았을 것이다. '할 수 있다'는 긍정적인 믿음이 있었기에 나는 이제야 비로소 해볼 만한 일을 만났다고 생각하며 새로운 꿈과 비전에 도전할 수 있었다.

인생 각본을 다시 써라. 패자 각본을 버리고 더 나은 인생을 계획하라. 우리는 큰 꿈을 꾸고 그 꿈을 믿고 변화를 준비할 가치가 있는 사람들이다. 꿈과 도전에는 무수한 시행착오가 따를 것이다.

하지만 배움처럼 꿈도 스스로 포기하지 않는 한 결코 우리를 배신하지 않는다. 이 생각이 우리가 기억해야 할 새로운 인생 각본의 핵심이다.

어릴 때 부모님이 항상 '일체유심조(一切唯心造)'라는 말씀을 하셨던 것이 기억난다. 불교 용어로 세상살이가 모두 마음먹기에 달렸다는 뜻이다. 살면서 여러 번 떠올리며 공감하게 되는 말이다. 물론 세상 일이 모두 내가 마음먹는 대로, 바라는 대로 움직여진다는 뜻은 아니다. 하지만 스스로 원하는 바를 발견하고 결심을 하고 행동에 옮기지 않는다면 그 누구도 자신이 바라는 삶을 살 수 없으며 다만 세상이 정해 놓은 남의 삶을 살게 될 뿐이다. 그러니 결국 사람의 운명은 그가 가진 마음에 의해 결정된다고 할 수 있지 않을까. 승자의 마음을 가질 것인지 패자의 마음을 가질 것인지는 당신의 선택에 달려있다. 자, 이제 당신이 승자의 마음을 가지는 순간, 당신은 반드시 성공한 인생의 궤도 안을 자유롭게 날아오를 절대 권한을 가지게 될 것이다.

· 부록 1 ·
# 기아인의 롤 모델 최갑도

. . . . . . . . . . . . .

## 지칠 줄 모르는 열정과 집념의 소유자

"안녕하세요. 내일 원장님 특강에 참석하는 최갑도입니다. 내일 강의를 잘 들으려면 사전에 어떤 준비를 더 하면 좋을지 알려주시면 감사하겠습니다."

2011년 12월이었다. 경기도 화성 롤링힐스 호텔에서 현대그룹 핵심가치 사내강사양성과정교육이 진행되기 하루 전날 밤에 한 통의 전화를 받았다. 그 전화의 주인공이 바로 최갑도 차장이었다. 그동안 수많은 외부 강의를 진행해 오면서 강의 하루 전날 밤, 그것도 늦은 시간에 실례를 무릅쓰고 교육생이 직접 전화를 걸어온 경우는 거의 없었다. 하지만 최갑도 차장은 목소리에 주저함이나

물러섬이 없었다. 뭔가를 배우기 위해 실례를 무릅쓰고 전화를 했다는 용기 그 자체만으로 나는 놀라움과 동시에 깊은 존경심을 느꼈다.

한데 더 놀라운 일은 최갑도 차장이 현대차그룹 우수 사내강사 40여 명 가운데 이 교육에 가장 열정적으로 참여한 단 한 사람에게 수여하는 '최고 강사상'을 받았다는 점이다.

그 후 최 차장은 우수한 강사가 되는 법을 좀 더 깊이 있고 체계적으로 배우고 싶다며 내가 운영하고 있는 자기계발 및 인간경영 훈련 교육 기관 윌리엄석세스트레이닝으로 찾아왔고, 전문 프레젠테이션 및 강사양성 8주 정규과정에 참여하기도 했다. 직장과는 1시간 이상의 적지 않은 거리인데다 회사에서의 업무가 매우 바쁜데도 불구하고 그는 결석이나 지각 한 번 없이 교육 과정에 열정적으로 참여해 다른 회원들에게도 큰 감동을 주었다.

이제 최 차장은 얼마 안 있으면 퇴직을 할 나이다. 대개 일반 직장인들 같으면 퇴직하기까지 적당히 일을 하다가 회사를 그만두는 경우가 대부분이다. 그러나 최 차장은 마치 이제 회사에 갓 입사한 신입사원처럼 일에서나 배움에 있어서 최선을 다하는 열정과 집념의 소유자이며, 지금까지도 대학원에 다니면서 하루하루를 알차게 보내기 위해 애쓰고 있다. 이 모습을 가까이서 지켜본 한 사람으로서 가슴 깊이 감탄하지 않을 수 없다.

그는 경상도의 한 시골에서 태어나 찢어지게 가난한 어린 시절을 보냈고, 그 궁핍에서 벗어나기 위해 기술자의 길로 들어섰다. 그리고 자기 분야의 최고 전문가가 되기 위해 부단한 노력을 기울여 오늘 이 자리에 이르렀다.

현대 기아자동차는 이제 세계 시장에서 인정받는 글로벌 기업으로 도약하고 있다. 최 차장 같은 직원들의 피땀 어린 노력이 한데 뭉쳐진 결과 현대 기아자동차가 국제무대에서 발군의 활약을 거두고 있다. 앞으로 대한민국의 수많은 직장인들이 최 차장만큼 맡은 일에 성실히 최선을 다하면서 매사에 공부하는 태도로 자기 혁신을 위해 부단히 노력을 기울인다면 우리 사회의 미래는 밝으리라고 확신한다.


_ 윌리엄 장 ㈜윌리엄석세스트레이닝 원장

# 도전의 아이콘

최갑도 차장님의 이름을 들을 때마다 저는 '도전의 아이콘'이라는 말을 떠올립니다. 제가 최 차장님을 처음 만난 것은 신입사원 연수를 진행하면서입니다. 당시 저는 신입사원들에게 영어를 가르치라는 임무를 받고 연수에 참여하게 되었습니다. 입사 전에 학교에서 학생들을 가르쳐 본 경험이 있기는 했지만 성인들을 대상으로 영어를 가르친다는 것은 상상도 하지 못했던 터라 큰 부담을 느끼고 있었습니다.

그때 최갑도 차장님께서 자신도 회사에서 배운 일본어 실력으로 교육생들에게 일본어 강의를 했던 경험을 말씀하시면서 '나도 하는데 당신이 왜 못하겠소?'라는 말로 자신감을 북돋아 주셨고, 내게 맡겨진 임무가 무사히 끝날 때까지 이 격려는 큰 힘이 되었습니다. 하지만 무엇보다 최갑도 차장님의 진면목은 수업시간에 발휘되었습니다. 최 차장님의 살아있는 경험담을 통해 '생산직 사원들에게 대체 영어가 왜 필요한가요?'라고 여기던 교육생들의 시선이 '아, 나도 도전해 볼래요!'로 바뀌어 가는 것을 느꼈습니다.

누구나 말로 설명하기는 쉽습니다. 하지만 말을 인생으로 증명한 사람이 있다는 사실, 그도 먼 나라 어디가 아닌 우리가 속한 기아자동차 안에 그 사람이 있다는 사실은 교육생에게 '나도 할 수 있다'는 도전정신과 자긍심을 심어주기에 충분했습니다.

그 당시 신입사원 연수를 진행하면서 60명의 교육생들 사이에서 가장 많이 나온 말이 "과제가 너무 많다!"였습니다. 이것은 교육생들에게 매일 과제를 내어 생각을 키우고 이를 글로 작성하는 능력을 기르자는 취지로 최 차장님께서 제안하신 내용이었습니다. 과제를 하는 사람들도 힘들었겠지만 단 두 명의 진행자가 매일 60개의 과제물을 읽고 그에 대해 피드백해 주는 과정은 더 녹록치가 않았다. 날마다 쌓여가는 과제물들을 보면서 머리가 아팠고, 다른 업무들을 먼저 하면서 '그냥 대충 넘길까?'하는 생각도 했습니다.

하지만 최갑도 차장님께서는 이 짧은 4주의 시간이 어떤 신입사원에게는 평생의 습관이 될 수도 있다며 당장 우리가 힘들어도 더 좋은 교육을 위해서 열심을 다해야 하지 않겠냐고 말씀하시면서 "내가 할 테니 종현씨는 다른 업무를 보세요."라며 제가 해야 할 분량까지 꼼꼼히 피드백을 해 주셨습니다. 주인정신을 가지고 일을 앞장서서 맡는 사람이 별로 없는 현실에서 최 차장님의 적극성은 이제 막 회사생활을 시작하는 신입사원들에게 좋은 본보기가 되었습니다. 또한 그는 교육생들을 60명 가운데 하나로 대하기보다 한 사람 한 사람 인격체로 존중해 주었습니다. 교육생들의 발표와 행동들을 주의 깊게 관찰하시고는 격려와 칭찬을 아끼지 않으셨고 부족한 부분에 대해서는 무조건적인 비판이 아닌 '이렇게 하는 것이 이런 측면에서는 더 좋지 않겠습니까?' 하는 자상함을 보이셨습니다. 이런 마음이 교육생들에게 잘 전달되었는지 연수가 끝날 때 교육생들로부터 '한 달간 잘 가르쳐주셔서 감사하다'는 인사를 들을 수 있었습니다. 오래전 내가 신입사원 교육을 받을 때 교육 진행자들이 교육생을 통제하려는 느낌이 들어 좋지 않은 인상이었던 것을 상기한다면 엄청난 차이였습니다.

같은 팀의 한 선배님께서 해주신 얘기가 기억납니다. '최갑도 차장님과 함께 신입사원 연수를 진행하다니. 종현아, 가수로 치면 이건 신인가수가 조용필과 함께 공연을 하는 것과 마찬가지야.'라고 말씀해 주셨습니다. 그 시절 좋은 역할 모델이 되어주신 최갑도 차장님께 이 지면을 빌어 다시 한 번 감사의 인사를 전하고 싶습니다.

_ 기아자동차 생산교육팀 조종현

# 끊임없이 주변 사람을 변화시키는 사람

• ● •

지금으로부터 13년 전에 최갑도 차장과 같이 마북 연수원에서 교육을 진행한 적이 있습니다. 당시 저는 특별히 교육 강사로 초빙된 공장장님을 교육생들에게 소개해야 했는데, 공장장님의 약력만 A4용지 1장 분량이 되어 멘트를 들고 읽다시피 소개를 했습니다.

얼마 후에 저는 최갑도 차장에게 공장장님 소개를 해 보라고 지시했습니다. 그런데 지시 이후 공장장님의 강의가 처음으로 돌아올 즈음 시간은 점점 가까워져 오는데 최 차장이 보이지 않았습니다. 직원들에게 물어보니 휴게실에 있다고 했습니다. 급한 마음에 그곳으로 달려가 보니 그는 A4용지 1장 분량의 공장장님 약력을 외우고 있는 중이었습니다. 공장장님 강의가 시작되자 그는 강사인 공장장님과 교육생들을 번갈아 바라보며 약력을 암기해 소개했습니다. 단 한 번의 강사 소개를 위해 전문 방송인들도 외우기 힘든 분량을 암기하고, 자신에게 맡겨진 업무를 완벽하게 처리하는 사람, 저는 그의 열정을 다시 한 번 목격했습니다.

최갑도 차장은 주변 사람을 끊임없이 변화시키는 사람입니다. 그는 후배와 상사, 감독자 등 상대를 가리지 않고 잘못된 부분을 지적하고 의미 있는 변화를 이끌어냅니다. 최 차장은 '나도 하는데……여러분은 충분히 할 수 있습니다.'라며 끊임없이 주문을 합니다.

최갑도 차장이 모든 분야에서 최고는 아닐 겁니다. 하지만 혼신의 힘을 다해 열정을 쏟아붓고 노력하는 데에 있어서는 최고인 사람입니다. 최 차장이 걸어온 길, 걸어가고 있는 길을 엿본 주변 사람들은 하나같이 자기반성을 하고 자극을 받습니다. 그는 쉴 틈이 없습니다. 그의 삶은 끊임없는 학습과 도전의 연속입니다.

그런 그가 이제 제2의 삶을 다시 한 번 준비하고 있습니다. 기아자동차의 강사 최갑도에서 대한민국을 바꾸는 최갑도로 다시 태어나기 위해 준비하고 있습니다. 그가 어떤 모습으로 우리를 감동시키고 우리 삶을 움직일지 벌써부터 기대가 되고 설렙니다. 제가 아는 최갑도는 결과로 승부하는 사람이 아닌, 결과를 만들어내기 위해 과정마다 쉼 없이 노력하는 사람이기 때문입니다.

_ 기아자동차 인력관리팀장 선우인택 부장

# 쇠붙이에 그치지 말고 면도칼이 되어라

● ● ●

르네상스 시대의 천재 화가 미켈란젤로는 이런 말을 남겼습니다. "쇠붙이에 그치지 말고 면도칼이 되어라!"

무슨 의미일까요? 쇠붙이나 면도칼이나 모두 쇠로 이루어져 있습니다. 하지만 면도칼은 아주 날카로워서 종이를 자르거나 털을 다듬을 수 있는가하면 쇠붙이는 어떤 용도로도 사용할 수 없습니다.

그렇다면 어떻게 쇠붙이가 면도칼이 될 수 있을까요? 매일 쉬지 않고 갈고 다듬으면 언젠가는 쇠붙이도 면도칼이 될 수 있습니다. 이 말은 중국의 고사성어 마부작침(磨斧作針)과 유사한 말입니다. 도끼를 갈아 바늘을 만든다는 말로 아무리 어려운 일이라도 꾸준히 노력하면 이룰 수 있다는 뜻입니다. 앞서 소개한 말들처럼 최갑도 차장님은 하루도 쉬지 않고 계속해서 자신을 갈고 다듬으며 아무리 힘든 일도 포기하지 않고 노력하는 사람입니다. 그래서 생산교육팀에서 진행하는 거의 모든 교육과정에서 능력을 발휘를 할 수 있나 봅니다.

2012년도에 처음으로 전문기술인력 양성과정을 진행하면서 다시 한 번 최갑도 차장님의 능력에 감탄했습니다. 이 과정은 보전과 금형가공에 필요한 전문기술인력을 양성하기 위해 기아자동차에서 실시하는 교육이며 총 6개월간 진행하는 과정입니다. 전체 과정을 구성하기 위해 생산교육팀이 보유하고 있는 대부분의 교육 콘텐츠를 적용하고도 다른 교육 프로그램이 추가로 필요했는데, 이때 최 차장님이 나서서 문제를 해결해 주셨습니다.

최 차장님은 본인 스스로의 이야기를 교육생들에게 들려주어 교육생들이 단순한 기능인으로 남지 않고 보다 높은 꿈을 가질 수 있도록 동기부여를 해 주었습니다. 어려웠던 어린 시절을 거쳐 처음에는 엔진 실험 연구소 생산직 직원으로 입사해 지금은 교육팀에서 강사로 활동하는 최 차장님의 극적인 인생역정은 교육생들에게 많은 감동과 공감을 이끌어 냈습니다. 만약 단순한 설명으로 그쳤다면 교육 효과가 미흡했을 테지만 최 차장님은 직접 실천하고 행동하는 있는 그대로의 모습을 교육생들에게 진실 되게 보여주면서 삶의 방향을 설정해주어 좋은 결과로 이어진 것입니다.

보전과 금형가공은 끊임없이 새로운 기술을 습득해야 하며 스스로에 대한 통제력이 강하게 요구되는 분야입니다. 도전하는 사람에게는 끝없이 많은 성취의 순간들이 다가오지만, 그렇지 않은 사람에게는 끝없이 무료한 순간들을 견뎌야 하는 작업입니다. 이러한 특성상 무엇을 어떻게 해야 하며, 어디로 가야하는지 정확한 방향을 제시해 보여주는 것이 정말 어렵고, 또 필요한 교육 목표이며 일방적인 설명만으로는 이를 설득시킬 수 없는 일이었습니다. 하지만 본인 스스로 새로운 것을 찾아 끊임없이 도전하면서도 정도의 길을 걸었고, 그래서 언젠가는 다른 사람들에게 부러움과 감탄을 자아내게 만들 그런 인생의 흔적을 가진 강사가 바로 최갑도 차장님이었습니다.

성공하는 사람들은 공통적으로 성실함을 가지고 있습니다. 매일 쉬지 않고 해야 할 일을 꾸준하고 묵묵하게 수행하는 사람에게 돌아오는 것이 바로 성공이라는 기쁨입니다. 하지만 이렇게 실천하기 힘든 것도 없습니다.

사람들은 대부분 좀 더 편해지기를 바랍니다. 기대고 싶고, 앉고 싶고, 눕고 싶은 것이 사람의 자연스러운 마음입니다. 그런데 그 욕망과 싸워가면서 매일 자신의 꿈을 위해 한걸음, 또 한걸음 옮기는 것이야말로 진정한 승리자의 모습입니다. 최 차장님의 이러한 모습을 많은 사람들이 보고 '나도 매일 꾸준히 노력하면 성공의 달콤함을 맛볼 수 있겠구나' 하고 생각하게 되면 좋겠습니다.

예전에 회사 체육대회 때 마라톤 종목에 참여했던 최갑도 최장님의 모습이 생각납니다. 모두들 참여하는 데에 의의를 두고자 하는 행사에서 얼굴에 땀방울이 가득한 채 거친 숨을 내쉬며 운동장으로 들어오는 최 차장님을 보았을 때 선뜻 말로 표현하기 힘든 진한 감동을 느꼈습니다. '아, 나보다 한참이나 선배인데 저렇게 열심히 뛰시는구나!'하는 생각을 했고, 새로운 각오로 회사생활에 임할 수 있게 계기를 만들어 주었습니다. 이처럼 남들이 하기 싫어하고 어려워하는 일을 성실성과 꾸준함으로 밀고 나가는 매력이 있는 분이 제가 알고 있는 최갑도 차장님입니다.

_ 기아자동차 생산교육팀 김태화 과장

# 기아인의 롤 모델

●　●　●

교육기간 중에 내 삶의 롤 모델이라는 제목의 강의를 들었습니다. 강의를 시작하자마자 최갑도 차장님께서 뜬금없이 퀴즈 형식의 질문을 던지셨습니다.

"인생과 여행은 어떤 점이 다를까요?"

제 딴에는 '교육과정에 들어가기에 앞서 내주는 넌센스 퀴즈'라고 생각했는데 이어서 말씀해 주신 정답은 참으로 진지했습니다. 여행은 떠난 뒤에 다시 돌아올 수 있지만 인생은 시작되면 다시 되돌아올 수가 없다는 것이었습니다. 한 번뿐인 인생은 후회 없이 살아야 하고 매순간을 충실하게 보내라는 메시지를 전하기 위한 질문이었던 것입니다. 이 강의로 '인생은 한번뿐이므로 후회 없이 살자'라는 제 인생의 좌우명이 더욱 확고해졌습니다.

그 다음으로 리더십, 기술, 지식, 비직업 관련 분야 등 여러 분야를 구분지어 본보기로 삼고자 하는 롤 모델을 정하라고 하셨는데, 그렇게 세분화시켜서 롤 모델을 생각해 본 적이 없었기 때문에 제게는 이 강의가 신선한 충격이었습니다. 롤 모델을 분야별로 설정한다는 생각의 전환이 좋았고, 롤 모델은 한 사람을 정하는 것이라고 여겼던 그간의 고정관념을 뒤집는 좋은 기회였습니다.

정주영 회장님의 성공 이야기도 기억에 남습니다. 최갑도 차장님은 우리 자신에게도 이런 성공 사례가 있다면 발표해 보라고 하셨습니다. 교육생들끼리 이야기를 한 다음 그 중에 몇 명을 선발해 발표를 했습니다. 저 또한 그때 발표할 기회를 가졌고, 자격증을 공부하던 과정에서 제가 얼마나 열과 성을 다했는지 발표했고, 최갑도 차장님께서 제 이야기에 큰 관심과 호응을 보내 주셨기에 자신감을 가질 수 있었습니다.

끝으로 강의 마지막에 최갑도 차장님 자신의 인생 이야기를 들려주셨습니다. 누구의 도움도 없이 스스로 일어나시고 포기와 좌절을 모르시는 차장님의 인생을 접하니 나도 성공할 수 있을 것 같은 자신감이 솟구쳐 올랐습니다.

인생의 길을 앞서가며 후배들이 길을 잘 따라갈 수 있도록 인도해 주는 사람. 청어람이라는 말처럼 시간이 좀 더 흐른다면 저도 언젠가는 그분 앞에 서서 길을 스스로 개척해 나가고 싶습니다. 짧은 시간이었지만 제 인생에 굳은 신념과 밑거름을 주신 최갑도 차장님 감사합니다.

_ 전문기술인력 양성과정 신동수

# 열정의 증거

· ● ·

　최갑도 강사님, 강의를 들으면서 정말 열심히 사시는 분이라는 생각이 들었습니다. 주어진 환경에 구애되지 않고 열정적으로 경험을 쌓으신 면을 배우고 싶습니다. 자신의 경험을 바탕으로 강의를 재미있게 이끌어 주셔서 2박 3일의 일정을 보람차게 보낼 수 있었습니다. 최갑도 강사님과 함께한 교육을 통해 짧은 기간이나마 스스로를 돌아보는 시간을 가질 수 있었고, 최갑도 강사님처럼 열정적으로 일하며 자기계발에 시간을 투자해야겠다는 마음이 생겼습니다. 정말 감사합니다.

_ 현대건설 윤태범 대리

# 배움에서 비전을 구하다

●  ●  ●

경험을 바탕으로 교육을 해 주셔서 다른 강의들보다 머릿속에 더 잘 들어왔습니다. 현장 경험이 많으실 뿐 아니라 전문적인 지식도 다방면으로 알고 계시는 점이 인상적이었습니다. 지식 범위가 자동차 한 분야에 그치지 않고 창의력, 교보재, 언어, 심리학 등 여러 분야에서 많은 지식과 경험을 쌓아가고 계시는 점이 최갑도 강사님의 강점이라고 생각하며, 각각의 분야에서 어중간한 수준으로 지식을 습득한 것이 아니라 전부 전문가 수준 이상으로 배우고 익혔다는 점이 놀라웠습니다.

강사님 말씀 중에 회사의 모든 지원을 최대한 활용하라는 점이 와 닿았습니다. 솔직히 현업에 종사하다 보면 교육은 잘 듣지 않게 되는데 앞으로는 회사 내 교육 지원들을 잘 찾아보고 수강하는 기회를 갖겠습니다. 수고하셨습니다.

_ 현대위아 차동곤 대리

# 스타 강사, 새로운 롤 모델이 되다

● ● ●

신입 대리 교육 1일차에 최갑도 강사님을 처음 만났습니다. 외부 강사가 아닌 그룹사 직원으로서 교육 내내 딱딱한 강의 내용을 현장 경험에 비춰가며 교육생들이 공감할 수 있는 교수법을 적용했고, 그 결과 다른 교육과 달리 교육 효과가 컸습니다. 자기 계발을 위해 늘 노력하는 강사님의 모습은 나를 포함한 많은 교육생들에게 귀감이 되었고, 현장직과 관리직 모두를 끌어안는 강의를 들을 수 있어서 좋은 경험이 되었습니다. 교육생 입장에서 쉽게 설명하시는 면이 어느 스타 강사에 비추어 뒤지지 않는 훌륭한 자질이라 생각되며, 마지막까지 저희들의 미래를 걱정해 주시는 모습이 아버지처럼 친근하게 다가왔습니다. 강사님은 또 다른 미래를 준비하는 저에게 새로운 롤 모델이자 경쟁 상대입니다. 그리고 아주 멋지십니다. 이번 배움은 제 삶을 반성하는 기회가 되었습니다. 진심으로 감사합니다.

_ 기아자동차 수출시장 지원팀 최은정 대리

# 최고 강사가 전하는 '명강사의 비결'

· · · · · · · · · · · · · · · · · ·

## 명강사의 비결

명강사는 강사 지망생 모두의 꿈이자 목표이다. 명강사란 해박한 지식과 우수한 정보처리 능력, 높은 인품과 풍부한 문화 소양의 소유자이면서 가르치는 일을 소명으로 삼고 그 속에서 보람을 얻는 사람을 말한다.

최근 들어 사회구조가 점차 고도화되고 소득이 높아지면서 사람들의 욕구는 조금씩 변모를 거쳐서 보다 많은 이들이 자신의 진정한 자아실현의 욕구를 분출하는 방향으로 삶을 모색하고 있다. 이에 따라 강사의 영역도 점점 더 다양화, 전문화되는 추세이다. 특히 다양화 면에서 보면 기존의 학자나 프로 강사들을 제치고 컨셉(concept)과 콘텐츠(contents)로 대중에게 자신의 진가를 드러내는 새로운 강사들이 많아졌다.

현대는 지식이 폭발하는 시대이면서 정보가 범람하는 시대이다. 이러한 지식사회에서는 남을 가르치고 학습하도록 돕는 강사의 세계는 더욱 넓어질 것이며, 이에 따라 유능한 강사들에게 있어 다양한 사회교육 강사활동은 대단히 흥미롭고 미래지향적인 일이라 하겠다.

강사는 크게 네 부류로 나뉜다. 하나는 입시 학원과 예체능 학원, 공부방 교사, 학습지 방문교사처럼 학습과 상급학교 진학을 돕는 강사, 둘째는 소정의 시간에 강의를 하지만 임시직에 해당하는 강사, 셋째는 기업에서 전문적으로 양성하는 사내 강사, 넷째는 프리랜서 강사가 있다. 이때 프리랜서 강사란 활동이 자유로운 반면 강의와 그에 관련한 사업을 통해 소득을 얻는 사람, 즉 1인 기업이다.

여러 강사들 가운데 명강사가 되려면 특출한 경험과 기능을 가져야 하고, 나만의 새로운 영역 개발과 스펙(specification)의 고급화가 이루어져야 한다. 다양해진 시민의 욕구를 충족시키기 위해 강사의 끊임없는 자기 연마와 피나는 단련이 절실히 필요한 것이다.

명강사가 되기 위해 강사들 간의 경쟁은 자연스레 강사의 자질 향상과 스펙 확보, 그리고 인맥 경쟁으로 이어진다. 그에 따라 해외 연수는 기본이고, 스스로의 이미지 관리를 위해 외모에도 투자를 하는가 하면 활발한 소셜네트워크(SNS) 활동으로 많은 이와 교분을 쌓아가기도 한다. 아울러 사려 깊은 강사들은 오랜 시간에 걸쳐 자신의 저서를 준비해 강의 수준을 높이는 한편 특정 이미지 구축을 위해 활용한다. 강사들은 나이가 들어가면서 강의 내용을 더 고급화, 전문화 하는가 하면, 일부 강사들은 작가 활동도 병행하고 있다.

명강사가 되는 길은 마치 도자기를 굽는 일과 같다. 한여름에도 뜨거운 가마의 열기를 이겨내는 대단한 열정과 자기혁신이 수반되지 않으면 안 된다.


## 강사는 냉혹한 직업이다

사람은 대부분 직업을 가지고 살아간다. 그런데 직업이란 시대와 환경에 따라 끊임없이 쇠퇴와 번영을 반복하며 수시로 변한다. 이러한 현상은 우리 주변에서도 흔히 찾을 수 있다. 현대의 직업은 분화와 통합이 자주 일어나고, 신규 직업군이 등장하는가 하면 같은 직업 내에서도 그 수준이 천차만별이다.

직업 종류의 증가와 다변화는 그만큼 인간 생활이 다양하고 복잡해졌음을 시사한다. 우리나라의 전체 직업 수는 얼마나 될까? 지식기반 사회가 되면서 직업 수가 급격히 늘고 세분화됨에 따라 현재 우리나라에는 대략 12,000개의 직업이 있고, 그 안에 강사라는 직업도 포함된다. 사람은 일을 통해 삶의 보람과 소득을 얻으며 살아가는 만큼 더 나은 직업을 탐색하는 과정은 자아실현을 위한 '위대한 준비'라고 할 수 있다.

사람은 누구나 좋은 직업을 원하고 이를 갖기 위해 노력한다. 무엇이 좋은 직업인지 각자의 취향에 따라 다르지만 대개 다음의 여섯 가지를 직업 선택의 기준으로 삼고 있다. 즉 임금수준, 일자리 수요, 안정성, 전문성, 근무환경, 적성, 즉 자기에게 잘 맞고 좋아하는 일인가 하는 점이다.

강사라는 직업은 본래 고저등락이 있기 마련이라 일자리 수요와 안정성 면에서 최고의 직업이라 할 수는 없다. 소위 말하는 명강사들은 고소득으로 풍족한 생활을 영위하지만 새내기 강사라든가, 전문성과 인기 면에서 떨어지는 강사들의 생활은 타 직업군과 크게 다를 바가 없거나 더 못할 수도 있다. 이런 점에서 볼 때 강사의 삶은 프로 스포츠 선수의 삶과 비슷하다. 스포츠 선수들 중에도 잘 나가는 사람이 있는가 하면 평범한 선수도 있고 나이가 들면서 사람들의 기억에서 멀어지는 부류도 있다. 강사들도 이와 같아서 스스로 각고의 연습과 노력으로 시장을 개척해 나가야 지속적으로 인정을 받을 수 있다.

모든 강사는 새내기 강사에서 시작해 프로 강사로 발전한다. 여기서 말하는 새내기 강사란 네 부류를 말한다. 첫째는 대학을 갓 졸업한 뒤 강사의 길을 가고자 탐색하는 사람, 둘째는 직장생활을 하면서 강사 직업이 적성에 맞아 사내 강사의 길로 들어서는 사람, 셋째는 직장에서 정년을 맞은 뒤 그 경력과 경험을 살려 노후를 강사로 보내고 싶은 사람, 넷째는 사업에 실패하여 그 '실패학'을 들고 강사의 길로 들어서고자 하는 사람이 있다.

네 부류 가운데 어떤 경우든 6가지 직업선택의 조건을 스스로 따져보고 개인의 비전에 비추어 직업 결정을 해야 할 것이다. 특히 대학을 갓 졸업한 젊은 사람들은 무조건 강사의 길로 들어서려고 하기보다는 자기가 좋아하는 일로 경험을 쌓고, 그에 관한 자격증과 면허를 따는 과정이 중요하다.

새내기 강사로 출발하려는 사람은 자기 자신에게 '나는 강사의 길로 들어서서 행복할 수 있는가? 이 선택에 후회하지 않을 자신이 있는가?'라는 질문을 던져야 한다. 강사란 고독한 직업이요, 끊임없이 노력하지 않으면 순식간에 사라지는 냉혹한 직업이다.


## 강사학의 기본을 터득하라

모든 강사들은 강사의 자질을 키우거나 강의 스킬을 연마하기 전에 강사학의 기본을 터득해야 한다. 현재까지 학문이 따로 정립되어 있는 것은 아니지만, 여기서 강사학이란 '강사의 자격을 가지고 살아감에 있어서 필수적인 준칙들'을 말한다.

강사학의 핵심은 세 가지 학문에 있다. 인간학과 교육학, 그리고 전공학을 말한다. 이 세 가지 학문을 모르고 강단에 서는 것은 자기기만이라 할 수 있다. 강사학을 기본 지식으로 하여 강단에 서야 실패 가능성이 적고, 험난하고 냉혹한 전문 강사의 길을 성공적으로 걸어갈 수 있다.

### 인간에 대한 이해, 인간학

강사의 활동 목적은 결국 다른 사람을 가르치고 교화하는 일이며, 인간에게 각종 지식과 정보와 교양과 문화를 전달하고 스스로 학습하게끔 만드는 활동이므로 인간에 대한 깊은 이해와 애정을 가져야 한다.

다시 말해 강사의 자질 가운데 가장 큰 부분이 바로 '인간에 대한 이해와 사랑'이다. 이 말인즉 사람을 사랑하고 배려하는 마음이 없는 사람은 강사가 될 소양이 부족하다는 얘기와 통한다. 우리가 아무리 자본주의 시장경제의 논리가 대세인 세상에 살지라도 사람을 다루는 직업 분야만큼은 자본 이전에 사람을 우선해야 한다. 인간에 대한 몰이해 속에서는 아무리 훌륭한 강의를 한다고 할지라도 결국 어설픈 각설이처럼 듣는 이를 감화시킬 수 없고, 지식을 전할 수 있을 뿐 행동의 변화를 이끌어내지 못한다.

## 강의를 위한 필수, 교육학

강사는 지식, 정보, 기술 분야의 교사이자 선생이기 때문에 교육학의 기본을 알아야 한다. 교육의 기본 철학과 교사로서의 능력을 갖추지 않고서는 제대로 된 교육을 할 수 없다. 나날이 기준이 높아지는 학습자들의 요구에 부흥하고 이들이 가진 무한한 잠재력을 이끌어내기 위해 강사들은 필수적으로 교육학을 배워야 한다.

다시 말해 강사는 최소한 다음의 여섯 가지 분야의 기초를 공부해야 한다. 교육학개론, 교육과정론, 교육심리학, 교육철학, 교육사회학, 교육평가가 있다. 아울러 '교육실습'도 이제는 필수가 되었다.

교육학 전공자가 아닌 사람, 대학에서 교육학을 이수하지 못한 사람, 그리고 초중고 교사 자격을 갖추지 못한 사람은 먼저 교육학 공부를 해야 한다. 요즘은 사이버 학습이 발달해 조금만 노력하면 교육에 대한 기본 지식과 응용 능력을 익힐 수가 있다. 참고로 방송통신대학 교육학과 교재와 교사자격 검정시험을 위한 준비서가 교육학을 익히는 데 매우 유용한 교재라고 생각한다. 또 EBS 방송을 통해서 교육학을 학습할 수 있다.

## 전공과 전문기술의 탐구, 전공학

대학에서 배운 전공으로 사회에 바로 진출하려다가는 큰 코 다치는 세상이다. 대학의 전공학습은 겨우 맛보기에 불과하다. 인터넷의 발달로 요즘은 보다 많은 사람들이 다방면의 지식과 기술을 자랑하고 있다. 심지어 아마추어들조차 어느 정도의 학식이나 기술은 다 익히고 있는 경향이 있다. 고로 자칭 전문가들도 자만해 노력하지 않을 경우 자칫하다가는 설 자리를 잃게 된다. 다시 말해 강사는 자기 전공분야에 있어서만큼은 타의추종을 불허하는 수준의 전문가가 되겠다는 각오로 노력해야 한다.

강사는 넓고 얇은 다식성보다 좁고 깊은 전문성을 탐구해야 생명력이 길다. 앞서 언급한 인간학과 교육학이 넓은 바다로 나아가기 위한 학문이라면, 전공학은 해저 심층수를 퍼 올리거나 기름을 퍼 올리기 위한 학문이라 할 수 있다. 즉 강사란 거시(巨視)와 미시(微視), 우주와 세포, 코끼리와 박테리아를 동시에 연구하고 다루는 자세로 능력을 단련해야 한다.


## 명강사의 조건은 무엇인가?

강사의 길은 끊임없는 단련이 필요한 고된 노동이다. 겉으로는 쉬워 보이고, 한번 준비하면 별 어려움 없이 해낼 수 있을 것 같지만 그렇지 않다. 높은 학력과 디지털 문명의 영향으로 교육생들은 날이 갈수록 똑똑해지고 있어서 강의 준비에 보다 많은 시간과 열정이 소요되고 있다. 그러므로 강사는 강의에서의 일회성 성취에 안주하는 일 없이 지속적으로 쇄신의 노력을 기울여야 한다.

한편 미국의 교육학자 제롬 부르너(Jerome Bruner)는 '좋은 강사의 요건'으로 다음의 세 가지를 제시했다. 그의 주장은 모든 교직자들에게 해당되는 것이며 당연히 전문 강사들에게도 해당이 된다.

첫째로 가르치는 일 자체에 희열을 느껴야 한다. 부르너는 '남을 가르치는 것은 교사가 학습을 하기 위한 최고의 방법(Teaching is the superb way of learning)'이라고 여러 번 강조했다. 실제로 남에게 강의를 한다는 것은 최선의 자기주도학습 방법이 된다. 가르침과 배움은 동전의 앞뒷면과 같다.

중국의 철학자 맹자는 '인생삼락(人生三樂, 인생의 세 가지 기쁨)'이 다음의 세 가지라고 말했다. 첫째는 부모 형제가 무탈해 함께 받들고 사는 일, 둘째는 하늘을 우러러 부끄럼 없이 사는 일, 마지막은 천하의 영재를 얻어 가르치는 일(得天下英才而教育之)이라 했다. 이 가운데 세 번째 기쁨, 천하의 영재를 얻어 그를 가르치는 즐거움은 아무에게나 주어지는 것이 아니다. 이는 학식과 인품이 스승으로서의 반열에 오른 사람만이 얻고 누릴 수 있는 기쁨이라 할 수 있다. 그러므로 전문 강사는 교육자로서의 소명의식을 가져야 하며, 자신의 위치와 역할이 참으로 크다는 점을 항상 자각해야 한다.

강사는 모름지기 스스로가 가르치는 일을 미칠 듯이 좋아해서 이를 직업으로 삼은 사람이어야 한다. 강사란 남 앞에 나서서 지식과 정보를 전달하는 것이 즐거워야 하지만 거리의 돌팔이 약장사처럼 사람을 현혹시키는 게 아닌, 진리와 가치를 전하는 강사여야 함은 말할 필요도 없다.

둘째로 교육생들을 진심으로 이해하고 좋아해야 한다. 교육이란 강사와 교육생 간의 정신적 교류와 그 장이다. 가르치고 배우는 내용이 무엇이든 정신적 소통(communication)이 있어야 교육이라 할 수 있다. 인간관계에서 가장 핵심인 '소통의 힘'은 상대에 대한 이해와 사랑에서 시작된다. 또한 서로에 대한 이해와 배려가 살아 있어야 그 교육도 효과를 낸다.

강사는 당연히 가르침을 받는 교육생을 좋아해야 하며 이는 당연한 귀결이다. 그 대상이 누구든 간에 내 강의를 들으려고 하는 이를 지극히 아끼고 교육생의 의문을 이해하기 위해 진지하고 긍정적으로 접근해야 한다.

강의실에 들어서면 참으로 다양한 사람들을 만나게 된다. 특히 성인을 대상으로 한 교육의 경우에는 강사와 교육생의 연령대가 비슷하거나 교육생의 나이가 도리어 더 많은 경우가 있다. 이런 때에 강사의 이해와 친화력이 부족할 경우 양자 간에 서먹해지기 쉽다. 만일 강사와 교육생 간의 보이지 않는 간극이 생긴다면 그 교육은 실패할 확률이 높다.

특히 사내교육의 경우에는 강사의 모든 것이 교육생들에게 그대로 드러나기 때문에 매우 조심스러울 수밖에 없다. 그러므로 강사와 교육생 간에 충분한 라포(rapport 친밀한 관계, 신뢰감)를 형성해 심리적 벽을 허물고 일체감 내지 안정감을 느끼게끔 유도해야 한다. 물론 쉬운 일은 아니다. 하지만 교육생들을 충분히 사랑하고 친밀하게 대한다면 불가능한 일도 아니다. 교육생들의 생각과 입장을 미리 파악하고 강단에 올라가야 하며 교육 서비스업 종사자로서 매순간 봉사하는 마음으로 강의에 임해야 한다.

셋째로 강의 주제를 좋아하고 전문성을 가져야 한다. 요즘 학원가에서는 소위 말하는 명강사들을 스카우트하기 위해 억 대의 연봉이 오간다고 한다. 그렇다면 평범한 강사와 명강사의 차이는 무엇일까? 앞서 말한 두 가지 조건, 가르치는 일과 교육생을 좋아하는 것 외에 자신이 강의하는 것에 거의 미친 상태에 도달한 '프로'라는 점이다. 이때 미친다는 것은 어느 경지에 도달한다는 의미와 통한다. 강사는 당연히 자신이 가르치는 내용에 지극한 애정을 가져야 하며, 전문성에 있어 높은 경지에 도달해야 한다.

어떻게 하면 '미친' 경지에 도달할 수 있을까? 첫째 그 과목에 대한 배움에의 열정이 최고조에 달해야 한다. 커피를 만드는 바리스타(Barista)라면 커피 관련 지식과 맛에 푹 빠진 사람이어야 맛있는 커피를 제조해낼 수 있다. 마찬가지로 강사도 그가 다루는 과목이

나 주제에 푹 빠져 있어야 맛깔난 강의를 할 수 있다.

두 번째 조건이라면 누구에게도 질 수 없다는 강한 승부욕이다. 강사는 일종의 달인이 되어야 한다. 달인은 누구인가. 자기가 담당하고 있는 일에 대해 끊임없이 연구하고 연습하는 사람이다. 이들을 '프로'라고 말한다. 일반 강사와 명강사의 차이는 바로 범인이냐 달인이냐의 수준에 달려 있다.

부르너의 '훌륭한 강사의 조건' 세 가지는 강단에 서는 모든 이가 기억해야 할 금과옥조 같은 것이라고 본다. 여기에 나는 세 가지를 더해 강조하고 싶다.

넷째로 절박성을 가져야 한다. 전문성과 열정을 겸비한 프로여야 한다는 조건에 덧붙여 이 일이 아니면 굶어 죽는다는 절박감을 지니고 있어야 명강사가 될 수 있다. 단 한 시간의 강의 준비라 할지라도 어둠 속에서 바늘귀에 실을 꿰듯 사자가 토끼를 잡을 때의 신중함과 집요함, 진지함을 가지고 몰입해야 한다.

다섯째로 개성 있는 캐릭터를 거부감 없이 내밀 수 있어야 한다. 강사의 개성은 교육생들과의 차별화에 유리한 조건이 된다. 교육 내용도 독특하고 재미있어야 하지만 음색, 음량, 음정 등의 언어, 제스처, 옷차림, 눈빛, 표정까지 남과는 다른, 그러면서도 거부감이 없는 강사 캐릭터를 만들어야 한다. 이 캐릭터가 잘 형성되면 교육생들과의 인간적인 친화도 도모할 수 있다. 고급 지식과 정보로 목소리만 높인다고 해서 좋은 강사는 아니다. 시장의 장사치와 강단의 강사는 엄연히 다름을 잊어서는 안 된다.

여섯째로 나만의 교수법을 갖고 있어야 한다. 강사는 강단에서 활용할 수 있는 여러 기술을 연마해야 한다. 나만의 독특한 교수법은 다른 강사들과의 차별화 요소이자 동시에 경쟁력이다. 화술, 교수법, 대화법, 설득 기법, 기도법, 낭송법, 노래하는 법, 적절하게 침묵하는 방법까지를 총동원해 나름대로 소화한 교육의 기술이 절대적으로 필요하다.

이상 여섯 가지 명강사의 조건은 어디까지나 교육과정의 원칙에 불과하다고 생각할지 모르겠지만 무릇 모든 일에는 원칙이나 준칙이 우선시되어야 한다. 원칙이야말로 성공의 핵심이다. 예를 들어 기계를 만들거나 정비하는 사람들 사이에서 오랜 기간 경험으로 굳어진 원칙이 있는데, 바로 '닦고, 조이고, 기름치자'라는 말이다. 이 원칙은 기계의 정상적인 작동과 수명 연장, 높은 생산성의 바탕이 된다. 아무도 쓴 소리를 해주지 않는 것이 강사의 세계이니만큼 원칙을 스스로 숙지하며 자주 자기성찰의 시간을 가지기를 바란다.

## 명강사의 강단 스킬

강사가 강단에 오르는 과정은 한 편의 연극과도 같다. 드라마 대본이 아무리 탁월하다고 해도 연기자의 재주가 시원찮으면 성공할 수 없다. 강사의 자신감과 강의 내용의 충실도도 중요하지만 빼놓아서는 안 될 것이 강단 스킬이다. 특히 다양한 매스미디어를 즐기며 자란 젊은이들을 대상으로 강의하려면 독창적인 스킬이 있어야 한다. 이를 몇 가지로 나누어 생각해보자.

## 미리 준비하라

강의가 있기 전날이면 충분한 휴식을 취해 스스로를 최상의 컨디션으로 올려놓아야 한다. 강사가 부스스한 몰골로 나선다면 교육생들은 그 모습에 실망할 수밖에 없다. 그리고 강의안과 강의 도구 등을 차분히 정리하고 챙겨야 한다.

자주 사용하는 교육장이 아닐 경우에는 가급적 미리 도착해 교육 장소를 확인하는 편이 좋다. 강의장의 위치와 크기, 구조 및 조명 상태, 교단의 방향과 높이, 스크린이나 칠판의 위치와 크기, 각종 기기 작동요령을 알아 두어야 한다. 가급적이면 노트북이나 빔 프로젝터 등을 미리 설치해 화면 조정을 해 두어 긴장과 부담을 줄인다.

강의 시간은 반드시 엄수해야 한다. 혹시라도 교통편이 열악할 경우에는 전날 강의장 부근에서 숙식하는 편이 안전하다. 심야고속을 이용하는 방법도 있다. 당일 아침에 서둘러 가다 보면 사고가 날 위험도 높고 초조해지기 쉽다.

## 첫 대면 스트레스를 풀어라

강의에 들어가기 전에 강사는 교육생들에 대해 미리 파악해두어야 한다. 나이와 성별, 직급, 근속연수, 학력 수준, 성향 등을 알아보고 강의를 시작하는 것이 좋다.

강사와 교육생들의 첫 대면은 상호 긴장의 순간이다. 강사는 자신의 모든 행동이 생면부지의 사람들에게 온전히 노출되고 있다는 점으로 인해 은근한 부담을 갖고 강단에 선다. 새내기 강사의 경우 첫 걸음과 표정, 첫 멘트를 어떻게 할 것인가부터 걱정이 되기 마련이다. 이 같은 긴장은 교육생들도 마찬가지다. 강사나 교육생 모두 첫 대면 스트레스가 있다는 말이다.

이때 강사는 상호 간에 정신적 교류가 자연스럽게 일어나도록 분위기를 만들어가야 한다. 즉 강사는 분위기 메이커 역할을 해야 한다. 대개 많은 강사들이 청중의 관심과 주의를 집중시키고 상호 간의 긴장을 풀기 위해 재미있는 말과 행동을 의도적으로 건네지만, 이 사소한 순간에도 교육 심리에 근거한 상당한 전략적 의도가 요구된다. 섣부른 개그나 유머는 강사의 품격을 떨어뜨리고 강의 분위기를 썰렁하게 만들 수 있기 때문이다.

'인상적인 출발'에 신경을 쓰기보다는 '좋은 출발'을 하는 것이 훨씬 부드럽고 유익하다. '내 뛰어난 지식을 화끈하게 풀어서 감동을 주고 청중들이 내게 푹 빠지도록 처음부터 확 휘어잡아야지…….' 같은 부자연스러운 생각을 가지고 강의에 임한다면 첫 대면 스트레스를 오히려 높일 가능성이 있다. 그보다는 강사와 교육생들 사이에 영적인 교감이 이루어질 수 있도록 먼저 나를 열어 보여 상대방의 마음을 편하게 만들어 주어야 한다. 그 다음에는 교육생들의 관심사부터 화제에 올려 긴장을 풀어나가면 된다.

또한 강의가 시작하기 전에 강의실로 들어가 미리 프레젠테이션 자료의 첫 화면을 띄워 놓는 것이 좋다. 이는 교육생들이 심적으로 수강 자세를 갖는데 도움을 준다. 강사 소개를 하면서 부랴부랴 파워포인트를 설치하고 화면을 조정하려 들면 교육 분위기도 금세 산만해지고 강사에 대한 인상도 처음부터 나쁜 쪽으로 굳어져 교육생들의 따가운 시선을 받을 가능성이 높다.

인간관계에서는 첫 인상이 매우 중요하므로 너무 튀지 않는 깔끔한 복장으로 단상에 올라가 밝은 표정으로 첫마디를 아주 부드럽게 꺼내되 칭찬의 말부터 시작하는 것이 좋다. 이때 칭찬 멘트는

가급적 구체적일수록 좋다. 그리고 강의의 첫 시작은 강사와 교육생 간의 어색함과 부담감을 없애기 위해 부드러운 내용으로 시작하는 것이 좋다.

## 시선을 마주치며 핵심을 강조하라

간혹 강사들 중에 청중을 안중에 두지 않고 천장이나 허공을 보며 강의를 하거나 교육생들의 일부만 집중적으로 보는 사람들이 있는데, 이는 교육생들을 무시하고 있다는 인상을 주기 쉽다. 따라서 모든 교육생들과 일일이 눈을 맞추며 '나는 지금 당신에게 사랑을 호소하고 있어요.'라는 마음을 가지고 다정함과 확신에 찬 어조로 강의를 진행해야 한다.

강사의 목소리에 리듬이 실리는 것이 좋다. 이론적인 설명을 할 때는 당당히 또박또박 설명해야 하며, 특히 말꼬리를 흐리는 일이 없도록 해야 한다. 강의가 충분히 무르익으면 자신 만의 특성을 살린 표정과 억양, 제스처, 유머 등을 활용해 핵심을 강조해 주는 동시에 강의에 좋은 인상을 갖게끔 유도해야 한다. 강사에게 교육생은 고객이라는 생각을 한시도 잊어서는 안 된다.

주어진 교육 시간은 반드시 엄수해야 한다. 교육생들은 한 시간 강의에 적어도 세 번 이상 시계를 바라본다는 점을 잊지 말아야 한다. 강의에 굉장히 집중하는 것처럼 보일 때도 교육생들의 생각은 수도 없이 들고 난다. 따라서 적절한 긴장과 그의 해소를 병행해 시간을 알차게 진행해야 한다. 어느 교육생의 질문이 길어질 경우 강의가 끝난 후에 따로 시간을 갖는 것이 좋다.

강사는 강의에 대한 자신감을 강조하려고 말을 너무 빠르게 하지 말아야 한다. 또한 많은 내용을 전달하려고 애쓰기보다는 핵심 주제를 정해 그것을 차분히 풀어가는 방식이 좋다. 만약 프레젠테이션 자료를 준비했을 경우에는 화면을 띄운 뒤에 3~5초간 조용히 화면을 바라봄으로써 교육생들이 자료 화면에 집중토록 하고, 호기심을 유발할만한 이야기를 꺼내는 것이 좋다. 한 화면 당 최소 3분 정도는 비춰 주어야 교육생들이 학습 내용을 어느 정도 구체적으로 인지할 수 있다. 물론 다양하게 보여주어야 할 때는 화면 당 30초 내외로 시간을 융통성 있게 운용할 수 있다. 그리고 강의가 끝날 무렵에는 그날 강의의 핵심을 정리해 교육생들의 마인드맵(mind map) 구성에 도움을 줄 수 있도록 노력해야 한다.


## 강의안을 준비하라

강의안은 교육의 골격이자 생명이라고 할 수 있다. 내용의 충실성과 전달의 효율성을 보장하는 한에서 강의안의 작성은 강사의 재량과 스타일에 달려 있다. 하지만 잔글씨로 너무 복잡하게 구성해서는 강사 스스로 곤란을 겪게 된다. 강의안 작성에 원칙이 있는 것은 아니지만 방법에 따라 몇 가지로 구분하면 아래와 같다.

첫째로 강의록 식이 있다. 일반적으로 책을 쓸 때 사용하는 방식으로 강의 내용을 서술 식으로 작성하는 방법을 말한다. 이는 가장 보편적으로 사용되는 방식으로 새내기 강사들은 반드시 이 과정을 거치는 것이 좋다. 또한 일부 강의 전문 업체들은 이러한 서술식 강의안 제출을 요구하기 때문에 강사는 강의록을 풀어 쓰는 글재주를 익혀야 한다. 이 방식의 장점은 교육생들이 강사의 설명을 들은 뒤에 자학자습을 할 수 있으며, 교육 내용에 통일을 기할 수 있어 평가에 유리하다는 점이다. 단점으로는 강의 내용을 일일이 서술해야 하기 때문에 강의안의 양이 많아지고, 강의에 융통성이 없게 된다.

둘째로 강의 개요식이 있다. 강의 개요식은 강사가 자신의 강의 내용을 줄거리 중심으로 정리해 강의안으로 사용하는 방식이다. 일명 개조식(概造式)이라고도 하는데, 이미 강사 경험이 있는 강사들은 이 방식을 선호한다. 강의 개요식에는 다음의 두 가지 방식이 있다.

- **핸드 카드식** : 강의의 핵심 내용을 카드에 적어 활용하는 방식

인데, 방송 MC들이 손에 들고 방송을 진행하는 카드식이 대표적이다. 강의 내용이 중심에서 이탈하지 않고 내용과 내용 간에 상호 연계가 잘 이루어지게끔 도와주며 강의 중에 교육생들의 시선을 모아주는 장점이 있다. 휴대하기에 편하다.

- **노트식** : 대학 노트처럼 큰 노트에 강의의 요점과 그 흐름을 노트에 필기하듯이 적어서 펼쳐 놓고 강의하는 방식이다. 카드식보다 많은 내용을 담을 수 있는 이점이 있지만 강의할 때 자연스럽게 손에 들고 활용하는 데에 약간의 어려움이 있고, 교육생들의 시선을 분산시킬 우려가 있다.

셋째로 PPT 혼합식이 있다. PPT 혼합식은 파워포인트 활용에 주안을 둔 강의안이다. A4 용지 한 페이지에 PPT 한 장 또는 두 장, 많게는 네 장까지 출력해 이를 강의안으로 활용하는 방식이다. 이는 경력이 오래된 강사가 즐겨 사용하는 방식으로 PPT 안의 전 내용을 자신 있게 강의할 수 있으며 강의의 흐름을 잘 익히고 있을 때 활용하기 좋다. 다만 빔 프로젝터 등의 장비 고장이라든가 화면 활용이 여의치 않을 경우 강의로 대체하는 데에 있어서 강사의 순발력이 요구된다. 여기서 내가 경험으로 터득한 PPT 작성 요령을 간단히 요약해보기로 하겠다.

**PPT 작성요령**

- 핵심 내용을 쓰되 학습자의 강의 참여를 유도하기 위해 적절한 공란을 둔다.
- 내용을 이해하기 쉽게 도해(圖解)로 만들어 제시한다.
- 학습자의 흥미와 관심을 유발할 수 있도록 내용을 적절히 조합한다.
- 너무 복잡하지 않게 단순화한다.
- 글은 한 페이지에 10줄, 그림은 4개 이상을 넣지 않는다.(애플의 창업자 스티브 잡스는 한 화면에 하나의 사진, 그림, 하나의 단어로 구성한다.)
- 플래시와 동영상은 교육 내용에 부합하는 항목에 넣는다.
- 다른 사람의 지적 재산권을 보호해야 한다. (PPT에 다른 이의 연구 성과를 활용할 경우 반드시 출처를 밝히고 외부에 유출되지 않도록 한다.)
- 자주 업데이트 하되 출처와 근거를 밝힌다.

## 칠판과 백보드를 활용하라

칠판과 백보드는 여전히 강의에 아주 유용한 도구이다. 강사들 가운데 칠판과 백보드 사용을 대수롭지 않게 여기고 대강 낙서하

듯이 사용하는 사람이 있는데 이는 큰 오산이다. 칠판 또는 백보드의 판서가 얼마나 잘 정돈되어 있는지, 적절한 크기로 적었는지는 강사의 기본 소양과도 관계된다. 여기에 판서를 할 때 반드시 유념해야 할 몇 가지 사항을 요약해 보려고 한다.

### 칠판, 백보드 사용 시 주의사항

- 글씨는 정자(正字)로 바르게 써서 누구나 알아보기 쉽게 한다.
- 글자의 색깔을 다채롭게 안배해 내용에 따라 교육생들의 주의를 집중시킨다.
- 빠른 속도로 휘갈겨 쓰지 말고, 천천히 교육생들의 시선의 움직임에 맞추어 판서한다.
- 교육생들이 필기를 할 수 있도록 강의 중에 약간의 여유를 준다.
- 강사는 칠판을 가리지 말고 비켜서서 씀으로써 교육생들이 판서 내용을 알게 한다. (심리적으로 강사와 교육생이 함께 판서하는 효과를 거둘 수 있다.)
- 판서하는 중에 천천히 또박또박 설명해 내용 이해에 도움을 준다.
- 판서 내용을 활용한 뒤에는 왼편에서 오른편으로 깨끗이 지운다. (단 시간이 없거나 강의 내용 전체가 칠판에 적혀 있어야 할 경우에는 강의 종료 후에 칠판, 백보드를 지운다.)

## 신체적 언어를 고려하라

대부분의 강사가 강의를 할 때 오로지 말에 의존한다. 이로 인해 강의 도중 말실수가 조금이라고 생기면 강의가 실패했다는 생각이 들어 조바심이 난다. 하지만 미국의 사회심리학자 엘버트 메라비언은 타인과의 소통에서 말보다 더 지배적인 요소가 있다는 연구 결과를 발표했다. 일명 '메라비언의 법칙'에 따르면 말이 아닌 바디랭귀지가 상대방에게 좋은 인상을 남기는 가장 중요한 요소이다. 첫 인상을 결정할 때 외양과 차림새, 몸짓, 표정, 태도 등 신체적 표현방법이 55%의 영향을 끼치고, 목소리가 차지하는 비중이 38%였으며, 말과 그 내용으로 전달되는 부분은 겨우 7% 정도인 것으로 나타났다. 이 연구 결과는 타인과의 대화에서 언어 이외의 커뮤니케이션이 굉장히 중요함을 시사하고 있다. 한 마디로 교육생들은 강사의 몸 전체를 통해 강의 내용을 전달받는 것이다.

물론 그렇다고 해서 강사의 언어구사력을 무시해서는 안 된다. 말을 잘 하려면 먼저 남의 말을 잘 듣는 것이 기본이다. 그 다음에는 자신의 주장을 듣는 상대방의 입장을 받아들이는 측면에서 감안해 말하는 것이 중요하다. 달리 말하면 강사는 교육생을 배려하고 입장을 생각하면서 말해야 한다. 따라서 현재 교육생들의 심리 상태와 육체적 피로도, 관심사항 및 이해능력 등을 주의 깊게 살펴 상황에 맞게 대응해야 한다.

다양한 커뮤니케이션 방법 가운데 여러 신체 부위를 사용하는 방법이 있다. 손짓, 발짓, 눈짓, 몸짓 등 네 가지 제스처를 사용할 수 있다. 이러한 바디랭귀지는 적절하게 사용하면 높은 효과를 보지만, 산만하게 사용하면 도리어 교육생들의 시선을 분산시키고 정서적 안정을 해쳐서 역효과가 난다.

몸짓에는 큰 몸짓과 작은 몸짓 두 가지를 활용하는 법이 있다. 아주 작은 몸짓이라도 적절하게 사용하면 교육생들에게 큰 효과를 줄 수 있기에 제스처를 사용할 경우가 있더라도 오버 액션으로 반드시 클 필요는 없다. 다만 청중이 많이 모인 대강연이라든가, 꼭 크게 강조해야 할 대목일 경우에 제스처를 크게 해야 한다. 그럴 때는 절대 머뭇거리지 말고 자신 있게 확실한 포즈를 취하는 것이 좋다.


## 거듭 연습하라

아무리 강의에 자신감이 있는 강사라 할지라도 단상에 오르기 전에는 반드시 연습을 거쳐야 한다. 연습 없이 바로 강의를 시작했다가는 여러 면에서 낭패를 당하기 쉽다.

어린 시절 웅변대회에 나가본 사람이라면 아마도 치열한 연습의 경험이 있을 것이다. 사람들 앞에 서서 겨우 7분 내외의 웅변을 하기 위해 얼마나 많은 연습을 했으며, 목에 좋다는 날계란은 얼마나 많이 먹어야 했던가. 연습 없이 곧장 본 게임에 돌입해 좋은 성과를 내는 경우는 거의 없다. 7분 웅변이 아닌 한 시간 이상의 강의니만큼 거듭된 준비와 치열한 연습이 필요하다.

일단 강단에 오르면 강사는 욕심이 나기 마련이다. 교육생들에게 가능한 많은 내용을 전달하고, 내용을 다채롭게 꾸며 흥미를 유발하고 교육 효과도 높이고자 한다. 하지만 강사의 희망사항과는 달리 교육생들은 매우 피동적이다. 고로 프레젠테이션 스킬을 다 사용하기보다 중요한 몇 가지를 선택해 사전 연습으로 확실히 익혀야 한다.

예를 들어 어떤 강사들은 용량이 큰 동영상이나 플래시 파일을 노트북에 담아 와서 이를 교육생에게 보이는데, 애를 먹는 경우가 있다. 시간은 흐르지, 교육생들의 눈은 기대에 가득 차 있는데 화면조작이 안 되지, 이런 경우 강사는 창피해서 죽을 맛이 된다. 이러한 곤란을 방지하기 위해 강의 전날에 내용을 혼자 연습해 보고, 강의 당일에는 미리 강단에 올라가 장비를 설치하고 화면을 미리 띄워 놓는 등 세심한 준비를 해야 한다.

다음날 강의에 사용할 노트북은 좋은 컨디션으로 점검하고 챙겨 두어야 한다. 특히 강의를 앞두고 프로그램에 손을 대거나 업그레이드를 하거나 노트북에 더 좋은 기능을 부가하려고 이리저리 만져서는 안 된다. 여차하면 큰 실수를 저질러 다음날 강의에 치명타를 입힐 수 있기 때문이다.

강의 연습은 어디에서 어떻게 할까? 웅변하는 아이들이 산에 올라가 큰 소리로 외치듯이 강사들도 가급적이면 아무도 없는 장소에서 혼자 프레젠테이션을 해 봐야 한다. 이때 거울을 앞에 두고 연습하면 좋다. 만약 장비가 있다면 혼자 연습하는 장면을 녹화해 되돌려 보는 일도 큰 의미가 있을 것이다.

연습할 때는 강의장 안에 교육생들이 가득 차 있는 것을 연상하면서 혼신의 힘을 다해야 한다. 나중에 잘 하면 될 거야, 단상에 올라가면 어찌어찌 되겠지 하는 안일한 생각으로 적당히 연습하면 후회가 남을 것이다. '훈련은 실전처럼'이라는 말이 있듯 진짜 강의를 하는 심정으로 연습해야 후회가 없다.

강사들이 교육생들에게 감동을 주고 우수한 평가도 받으려면 정말 연습에 미쳐야 한다. 연습은 실패와 후회를 줄여주는 최선의 방책이자 성공의 보증 수표다.

# 감사의 글

. . . . . . . . . . . . . . . . .

저를 알고 계신 여러분, 그리고 저를 도와주신 여러분. 감사합니다. 진심으로 감사합니다. 철모르던 어린 시절부터 지금까지 살아 숨 쉴 수 있도록, 이만큼 성장할 수 있게 도와주신 모든 분들에게 감사의 말을 전합니다.

한 권의 책을 내는 일은 여러 사람의 고혈을 짜내는 일과 같습니다. 이 책을 끝까지 쓸 수 있도록 여러 가지 조언과 지원을 해 주신 모든 분들에게 감사의 마음을 전하고 싶습니다. 이 책의 가치가 무엇이든, 이 책은 많은 분들이 시간과 노력을 쏟고 조언을 아끼지 않은 결과로 세상 빛을 보게 되었습니다. 결코 쉬운 일이 아니었음에도 원고를 검토하고 신중히 의견을 주신 분들에게 진심으로 감사드립니다.

　세상 빛을 보게 하신 부모님, 열네 살 허기를 채워 주신 미미당 사장님, 청소년 시절을 무사히 보내게끔 도와주신 영남별장 황계향 여사님과 직원분들, 부족한 학력을 딛고 일어설 디딤돌이 되어 준 군대생활에서 윤성민 국방부장관님, 김진휴 대대장님, 경창호 장비관, 장정훈 작전관, 최현복, 반병열, 이영호 외 함께 근무한 수많은 장병들. 창원기능대학의 이범철 학장님, 김찬원, 김해룡, 김재휘, 조재명, 박일주 교수님 외 선후배님들. 현대자동차서비스 지용진, 최종협 외 임직원 여러분, 기아자동차연구소 김영환, 김용기, 박해구, 박희준, 장형대, 우현규, 최정호, 이호근, 지대호, 강신극 부장, 김재만 소장님 외 임직원 여러분 감사합니다.

　특히 내 인생 최초의 롤 모델이신 현대자동차그룹 고 정주영 회장님, 정몽구 회장님. 회장님의 인생과 경영이념을 십여 년 동안 전달할 수 있도록 기회를 주셔서 대단히 감사합니다.

　현대인재개발원 김춘성 이사, 류한준 교수, 김광오, 이계웅, 이창현 외 임직원 여러분, 현대울산교육팀 김문홍, 강재형, 서우정 부장, 김석곤, 유성국, 최용대, 이태용, 정종철, 이병철 외 임직원 여러

분, 기아자동차 이삼웅 사장님, 조형도, 이동룡, 이효행 원장님, 탁원식, 유원홍, 최준영 본부장님. 직원들의 행복한 삶을 위해 좋은 교육을 만들자고 항상 말씀하시는 박명완 실장님과 정예 교육팀원 여러분, 20여 년간 교육 과정을 함께 배우고 실천하신 교육생 여러분, 비록 떨어져 있지만 직원 역량 강화 및 최고 교육을 위해 함께 고민하는 한성권 부사장님, 김견 전무님, 이승철, 홍근선 상무님, 김인기, 김춘성, 최귀현, 홍융 이사님, 김석식, 김천훈, 선우인택, 김성태, 지택영, 김선진, 김한봄, 박승표, 박명훈, 박은영, 이창현, 민경기, 박정은, 김광오, 엄재효, 박용국, 황지영, 이형석, 곽용석, 이운환, 황희철, 정지원, 최치수, 양경모, 김오경, 황인섭, 이현규, 차융현, 추교균, 김석환, 김병균, 피채희 외 임직원 여러분들께 머리 숙여 고마운 마음을 전합니다.

컨소시엄 교육 관련 협력업체 사장님 및 교육 담당자, 교육생 여러분, 국가인적자원개발컨소시엄 담당 공무원 여러분, 한국산업인력공단 관계자 여러분, 교육계 멘토 이명노 사회발전연구원 원장님, 경기카네기 신영철 원장님과 각 지역 CEO동문 여러분 진심으로 감사합니다.

새벽 2시에 불러도 달려오는 친구 나병수 사장, 배순철 전무, 고

희돈 원장, 최갑용 교수, 외국에 있지만 마음만은 함께하는 뉴질랜드 오클랜드 조진국 사장, 중국 남경 이창석 사장에게도 늘 고마운 마음입니다. 그래도 누구보다 고마운 사람은 단연 아내입니다. 이 지면을 통해 언제나 제 곁에 평강공주처럼 머물면서 묵묵하게 도움을 준 아내에게 가장 큰 고마움을 전하고 싶습니다. 제 인생이 강하게 빛을 발할 수 있었던 것은 아내의 그림자가 유난히 길었던 결과입니다.

마지막으로 나의 희망, 건전한 정신과 목표를 가진 두 아들에게 전하고 싶습니다. 너희들이 있어서 아빠는 언제나 당당할 수 있다고 말입니다.

# 배움은 배신하지 않는다

**1판 1쇄 인쇄** 2013년 7월 01일
**1판 1쇄 발행** 2013년 7월 03일

**지은이** 최갑도
**펴낸이** 우문식
**기획자** 박현찬
**펴낸곳** 도서출판 물푸레

**등록번호** 제 1072
**등록일자** 1994년 11월 11일

**주소** 경기도 안양시 동안구 호계동 950-51 정현빌딩 201호
**전화** (031) 453-3211  **전송** (031) 458-0097
www.mulpure.com

**ISBN** 978-89-8110-314-9  03180

책에 관한 문의는 mpr@mulpure.com으로 해주시기 바랍니다.

값 13,000원

# 한국긍정심리연구소(KPPI)

한국긍정심리연구소(Korea Positive Psychology Institute, KPPI)는
마틴 셀리그만의 '긍정심리학'을 통해서 개인적, 조직적, 사회적으로
'플로리시(flourish 번성, 행복의 만개)'에 이르게 돕고 있으며,
긍정심리학의 연구와 프로그램 개발, 교육과 훈련, 강의를 통해
긍정심리학이 꿈꾸는 미래인 플로리시를 함께 만들어 가고 있습니다.

## ※ 한국긍정심리연구소(KPPI) 프로그램 안내 ※

| 프로그램 | 교육기간 | |
|---|---|---|
| 긍정심리학 기반의<br>행복한 조직(일터) 만들기 | 2일 | (16h) |
| 개인과 조직을 살아 숨쉬게 하는<br>긍정 리더십 | 1일 | (8h) |
| 탁월한 성과와 역량을 창출하는<br>강점 리더십 | 1일 | (8h) |
| 긍정 소통, 배려, 사랑, 관심의<br>긍정 관계 리더십 | 1일 | (8h) |
| 피할 수 없는 역경을 극복하는<br>회복력 키우기 | 1일 | (8h) |
| 비관성, 무기력을 떨쳐주는<br>낙관성 학습 | 1일 | (8h) |
| 긍정심리와 목표설정의 최초의 만남<br>와튼 스쿨의 어떻게 인생 목표를 이룰까? | 1일 | (8h) |
| 창조적 조직으로 혁신 시키는<br>긍정조직혁명(AI) | 2일 | (16h) |
| 배움은 배신하지 않는다 | 1일 | (8h) |
| 전문가를 위한<br>긍정심리학의 행복과 웰빙 코스 | 10주 | (1주 3h) |
| 긍정심리학 강사 코스(HRD) | 5주 | (1주 8h) |
| 긍정심리사 자격증을 위한<br>긍정심리학의 행복과 힐링코스 | 16주 | (1주 3h) |
| 기업, 관공서, 학교, 단체, 특강, 세미나 및<br>행복, 웰빙 관련 컨설팅 | 긍정심리학의 행복 만들기,<br>회복력, 강점 리더십, 긍정<br>리더십, 인생목표 설정, 긍<br>정적 인간 관계 외 | |

강의 및 교육 문의 : 한국긍정심리연구소(평생교육원)
TEL: 031-457-7434  FAX: 031-458-0097(담당 고연옥 과장)
E-mail: ceo@kppsi.com / Homepage: http://www.kppsi.com